KB102580

님께

드립니다.

촌년들의 성공기

촌년들의 성공기
당당하게 직진하라

초판 1쇄 발행 2017년 2월 1일
초판 2쇄 발행 2017년 2월 7일

지은이 서수민 조선희
펴낸이 문태진
본부장 김보경
책임편집 김혜연
편집차장 김혜연 박은영   **기획편집팀** 김예원 임지선 정다이 이희산   **디자인팀** 윤지예
디자인 김수아
정리 최지현

마케팅 한정덕 김재선 장철용 유지영
경영지원 윤현성 김송이 박미경 이지복
강연팀 장진항 조은빛 강유정

펴낸곳 (주)인플루엔셜
출판등록 2012년 5월 18일 제300-2012-1043호
주소 (04511) 서울특별시 중구 통일로2길 16, AIA타워 8층
전화 02)720-1034(기획편집) 02)720-1024(마케팅) 02)720-1042(강연섭외)
팩스 02)720-1043   **전자우편** books@influential.co.kr

ISBN 979-11-86560-34-1 03320

• 이 책은 저작권법에 따라 보호받는 저작물이므로 무단 전재와 무단 복제를 금하며,
  이 책 내용의 전부 또는 일부를 이용하시려면 반드시 저작권자와 (주)인플루엔셜의 서면 동의를 받아야 합니다.
• 잘못된 책은 구입처에서 바꿔 드립니다.
• 책값은 뒤표지에 있습니다.

인플루엔셜은 세상에 영향력 있는 지혜를 전달하고자 합니다.
이에 동참을 원하는 독자 여러분의 참신한 아이디어와 원고를 기다리고 있습니다.
한 권의 책으로 완성될 수 있는 기획과 원고가 있으신 분들은
연락처와 함께 letter@influential.co.kr로 보내주세요. 지혜를 더하는 일에 함께하겠습니다.

이 도서의 국립중앙도서관 출판예정도서목록(CIP)은 서지정보유통지원시스템 홈페이지(http://seoji.nl.go.kr)와 국가자료공동목
록시스템(http://www.nl.go.kr/kolisnet)에서 이용하실 수 있습니다.(CIP제어번호: CIP2017000246)

촌년들의 성공기

당 당 하 게   직 진 하 라

서수민·조선희 지음

ᵢNFLUENTIAL
인 플 루 엔 셜

故 서석두, 조석환 두 분께
이 책을 바칩니다

이 땅의 모든 촌년들을 응원합니다

서수민과 조선희. 우리 두 사람은 얼굴에 땟국이 그대로 붙어 있던 시절, 화장기 하나 없는 민얼굴로 만난 사이입니다. 우리 두 사람 모두 못생겼고, 세련됨과는 거리가 먼 '촌년'들이었습니다. 어쩜 출신조차도 하나는 포항, 하나는 왜관이었으니 문자 그대로 촌년이었지요. 우리 두 사람이 입을 열면 다들 폭소를 터뜨렸습니다. 생긴 것도 촌스러운데 억센 경상도 사투리까지 썼으니까요.

그런데 말이지요, 우리 둘은 사투리를 고치겠다거나 외모를 세련되게 꾸미겠다거나 하는 생각을 하지 않았습니다. 오히려 "그래, 우리 촌년이다. 어쩔래?" 하는 태도를 보였습니다. 어울리지 않는 의상학 공부는 일찌감치 때려치우고 한 사람은 연극에, 한 사람은 사진에 미치도록 빠져들었습니다.

우리는 연탄아궁이가 있는 단칸방을 빌려서 동거를 시작했습니다. 그 지긋지긋한 동거가 졸업하기 직전까지 무려 3년이나 이어질 줄은 꿈에도 몰랐습니다. 우리는 서로의 알몸을 보았고, 숨기고 싶은 가족사를 엿봤고, 마음 저 밑바닥에 있는 상처와 콤플렉스도 보았습니다. 시시한 연애사와 말도 안 되는 고민도 참고 들어주었습니다. 그렇게 서수민과 조선희는 친구가 되었습니다.

서수민은 이름이 널리 알려진 PD가 되었습니다. KBS 〈개그콘서트〉의 황금기를 이끌고 '용감한 녀석들'의 "못생겼다"라는 공격을 통편집으로 받아쳐낸 그 PD가 바로 서수민입니다. 〈프로듀사〉로 '예능 드라마'라는 새로운 장르를 성공시키기도 했지요. 지금은 KBS를 떠나 '몬스터유니온'이라는 프로덕션에서 예능 부문을 이끌고 있습니다.

조선희는 유명 사진작가가 되었습니다. 그가 찍은 이영애, 이정재, 전지현, 원빈, 장동건의 사진이 연예계와 광고계를 발칵 뒤집어놓았습니다. 땅바닥을 뒹굴고 마치 전위예술을 하듯 사직을 찍는 모습이 대중에게 깊게 각인되었습니다. 조선희 하면 사람들은 연예인들과 친한 연예인 사진작가로 생각합니다. 하지만 실제로 조선희는 그냥 '사진'을 찍는 작가입니다. 연예인뿐 아니라 땅, 하늘, 바다, 구름, 나무, 고양이, 사람까지 마음을 움직이는 모든 것을 찍는 사진작가입니다.

두 촌년이 어떻게 출세를 했는지, 어떤 비결이 있기에 여기까지 왔는지, 그런 이야기를 하고 싶지는 않습니다. 우리가 하고 싶은 이야기는 상처와 불안, 콤플렉스를 끌어안고도 어떻게 열정을 불태우고, 성취를 이루고, 성장했느냐 하는 것입니다. 방송과 사진이라는 창조적이면서도 냉정하고, 자유로우면서도 살벌한 영역에서 살아남기 위해 어떤 고민과 노력을 했는지, 어떤 경험과 깨달음을 얻었는지를 이야기하려고 합니다.

우리가 얻은 깨달음을 '촌년들의 힘'이라고 해도 괜찮습니다. 서울에서도 가장 세련된 강남과 여의도에서 보낸 세월이 20년이 넘지만, 여전히 우리는 촌년들이니까요. 아무리 와인과 파스타를 즐기고 멋진 외모의 연예인 친구들과 어울려도 우리의 뿌리는 촌년, 시끄럽고 무례하고 서투른 그 모습 그대로이니까요.

세상에는 우리 같은 촌년들이 훨씬 더 많을 거라고 우리는 감히 확신합니다. 촌년이 꼭 촌구석에서 태어난 여자를 뜻하지는 않습니다. 외모에 촌티가 있다고 촌년이 되는 것도 아닙니다. 길들여지지 않고, 밟으면 꿈틀거리고, 꺾일수록 더 강하게 일어나는 잡초 같은 사람. 계산보다는 본능에 충실하고, 말보다 행동이 앞서고, 원하는 것을 이루기 위해 끈질기게 붙들고 늘어지는 사람. 촌년은 그런 사람을 말합니다.

그런 사람들을 위해 이 책을 썼습니다. 다른 누구도 아닌 25년 지기가 함께 쓸 수 있어서 기쁩니다. 책이 잘 팔려서 둘이 기념으로 멀리 여행이라도 다녀올 수 있으면 더 좋겠습니다. 힘내세요, 촌년 여러분.

2017년이 시작된 겨울에
서수민과 조선희

차 례

여는 글 이 땅의 모든 춘년들을 응원합니다 •6

1장
•

못난 우리가 살아가는 법

세련되지 못한 나를 받아들이다 •16

그때 나는 쿨하지 못했어 •25

상처 줘서 미안해요 •32

반항하다가 망했다 •37

이걸로 먹고살겠다는 마음 •45

욕하는 연습까지 해봤다 •55

뻔뻔해지기를 두려워 말라 •62

버티다 보니 기회가 왔다 •67

2장

서툴러도 직진하라

돌아갈 길을 만들지 말라 • 76

조금 삐끗해도 괜찮아 • 84

본능에 충실하라 • 94

당당했기에 싸울 수 있었다 • 103

끝이 아닌 데서 멈추지 말라 • 111

시스템을 존중하라 • 119

진심이 향하는 곳으로 가라 • 125

웃음이 세상을 바꿀 수 있다 • 128

마음껏 월담하라 • 132

3장

누구에게나 신의 한 수가 있다

다른 것, 그것이 시작이다 · 142

사람을 잘 붙잡으라 · 147

쉽게 만족하지 말라 · 155

잘 버려야 남는다 · 161

하나를 놓아야 다른 하나를 얻는다 · 166

말하기보다 듣는 사람이 되라 · 172

공과 사의 경계를 무너뜨리라 · 182

눈과 비는 내가 맞는다 · 189

오래된 것의 힘을 잊지 말자 · 199

가슴은 머리를 돌리는 엔진 · 204

원칙을 지켜야 후회가 없다 · 210

때로는 아무것도 하지 말라 · 214

·

4장

모자람이 삶을 채운다

결핍이 나를 키웠다 · 222

부유한 속박보다는 가난한 자유 · 233

빠르게 얻는 것은 없다 · 239

돈보다 센 것이 있다 · 247

청년들과 영감을 나누라 · 251

흐르는 눈물을 내버려두라 · 257

여자가 불리하다는 생각을 버리라 · 265

스스로를 내려놓으라 · 272

엄마가 되고 나서 알게 된 것 · 276

자기만의 방을 꿈꾸라 · 282

더 많이 외로워하라 · 286

나는 나를 응원한다 · 291

1장

못난 우리가 살아가는 법

"나는 나를 데리고 사느라 너무나 힘들었는데,

그럼에도 나 자신을 사랑하고 있었다는 걸.

나 자신이 언제나 소중하고 애틋했다는 걸."

세련되지 못한
나를 받아들이다

조선희 '촌년' 하면 떠오르는 오래전 기억 하나가 있어. 이런저런 잡지 사진을 찍던 시절인데, 대종상 시상식에 사진을 찍으러 갔지. 아름다운 여배우, 톱스타, 수상자 들의 사진을 잔뜩 찍어야 했어. 좋은 앵글을 찾기 위해 나도 모르게 자꾸자꾸 사적인 공간, 옷을 갈아입고 화장을 고치는 백스테이지로 숨어들었어. 그러다가 낯익은 배우의 모습이 포착되면 렌즈를 들이밀고 찍어댔지. 플래시를 번쩍번쩍 터뜨리면서.

몇 컷을 찍고 이동하려는데, 누군가가 노한 목소리로 말했어.

"넌 뭐하는 놈이냐? 당장 나가!"

그리고 주변 사람들한테 "제발 이 사람 좀 끌어내세요"라고 하더라고.

16

망신, 망신, 대망신……. 그분, 영화배우 김지미 선생님이셨어. 쫓겨나서 복도에 서 있는데, 안 되겠더라. 다시 들어가서 최대한 살금살금 돌아다니며 사진을 찍었어. 사람들이 "저 여자 또 들어왔어" 하며 수군거렸지만, 어떡하겠어? 그게 내가 해야 할 일인데.

지금 생각해보면 내가 배우라도 굉장히 기분 나빴을 거야. 무슨 파파라치도 아니고, 무방비 상태의 배우들에게 그렇게 카메라를 들이댔으니. 게다가 영화인들에게 그토록 소중한 시상식장을 휘젓고 다녔으니 얼마나 불쾌했을까. 지금 생각해도 얼굴이 화끈거려.

그 자리에 다른 사진작가들은 없었나? 있었어. 그런데 그들은 제지를 받지 않았어. 나한테만 그랬다는 건, 나에게 그들을 불쾌하게 만든 뭔가가 있었다는 거지. 사진을 찍는 위치라든가 자세, 이동하는 걸음걸이 등등. 나의 행동 하나하나가 그들의 신경을 거스른 거야.

한참이 지나서야 그게 '매너'라는 걸 알았어. 나에겐 눈을 씻고 찾아봐도 없는 것. 주변에서 아무리 지적하고 가르쳐줘도 학습되지 않는 것.

어렸을 때부터 그랬어. 어느 자리에서건 목소리가 크다는 지적을 받았고, 조용히 앉아 있으라는 핀잔을 들었지. 어쩌다 어른들이 많이 모이는 엄숙한 자리나 고급 음식점에 가게 되면 들어가기도 전에 주의부터 받았어. "선희 너는 얌전히 있는 게 좋겠다"라고.

나이가 들면 나아지려나? 초·중·고등학교를 대도시인 대구에서 나오고, 상경해서 당시 유행의 첨단이라던 신촌을 무대로 4년을 보냈는데도 촌티는 빠질 줄을 몰랐어. 왜 그런지 모르겠어. 다른 여자들은 깔깔거려도 아무 문제가 안 되는데, 내가 웃으면 사람들이 다 쳐다봤어. 남자들이 나를 쳐다보는 눈길도 그랬어. 귀엽고 사랑스러운 눈빛이 아니라 이런 여자애도 있네, 신기해하는 눈빛.

그래서 성장환경을 무시할 수 없나 봐. 왜관 촌구석에서 장사하시는 부모님 밑에 태어나 할아버지 할머니 손에 컸으니 매너를 배울 기회도, 좋은 음악을 들을 기회도, 예쁘고 세련된 것들을 볼 기회도 없었어. 변성기가 온 사내아이처럼 목소리는 왜 이렇게 크고 걸쭉한지.

수민이 너도 나와 비슷한 막상막하 촌년이긴 하지만, 그래도 넌 인텔리였던 아버지의 영향을 받아 음악도 많이 알고, 피아노도 잘 치고, 그림도 잘 그렸잖아. 대학생 시절 서수민이 그린 연극 공연 포스터를 볼 때마다 감탄했었지. 먹으로 음영을 살린 수묵화도 있었고, 고갱처럼 화려한 그림도 있었고.

한번은 홍익대 미술대학 학생들이 학생회관 벽에 크게 걸린 서수민의 그림을 보고 찾아온 적도 있었지. 가로 길이가 15미터나 되는 대형 캔버스에 형형색색의 물감을 뿌려서 작업한 그 그림은 유명한 잭슨 폴록Jackson Pollock의 그림처럼 화려하고 현란했었다고 기억해. 홍대 아이들이 예술제에 쓸 수 있게 벽화를 빌려달라고 하는 모습을 보면서, '아 수민이 쟤는 예술적 감각을 타고 났구나, 같은 촌년이라도 나와는 레벨이 다르구나' 생각했었다.

성장환경이 한 사람의 전부는 아니지만 일종의 울타리처럼 작용하는 것 같아. 그 울타리를 뛰어넘으려면 어떤 계기가 있거나 스스로 굉장히 노력해야 해. 이제 나름 성공해서 서울 한복판에 집도 짓고, 전 세계 좋은 곳이라면 거의 다 가보고, 와인과 파스타도 즐겨 먹게 되었지만, 그래도 나는 여전히 시끄럽고 제멋대로인 조선희 그대로야. 그래서 하나밖에 없는 내 아들은 한두 해 전까지만 해도 엄마가 학교에 오는 걸 그리 반기지는 않았어. 너무 튄다고.

> "나는 나를 데리고 사느라 너무나 힘들었는데,
> 그럼에도 나 자신을 사랑하고 있었다는 걸,
> 나 자신이 언제나 소중하고 애틋했다는 걸."

사실은 나도 힘들었어. 어딜 가도 외계인이 되는 기분, 주인공이 아니라 조연이 되는 기분. 그런 기분으로 20년을 살고 30년을 살면 누구든 지칠 거야. 세상에서 제일 힘든 게 뭔지 알아? 마음에 들지 않는 나를 데리고 평생을 살아야 한다는 것. 예쁘고 여성스럽고 세련된 내가 아니라 시끄럽고 서툴고 촌티 나는 나와 살아야 한다는 것. 나는 대체로 호기심이 많고 사람들과 잘 어울리지만 주기적으로 우울해지고 혼자 있고 싶어 해. 그 이유도 아마 이런 거겠지. 사람들과 아무리 섞여도 채워지지 않는 나에 대한 허기. 그걸 쓰다듬고 추스르기 위해서 혼자 있는 시간이 절대적으로 필요해.

그럼에도 내가 주눅 들지 않고 씩씩하게 살아온 건, 내게 사진이 있었기 때문이야. 사람들과의 관계는 어려웠지만, 그나마 사진과의 관계는 잘 풀렸어. 물론 이 녀석도 쉽지는 않았지. 좀 알겠다 싶으면 엄청난 시련으로 나를 힘들게 하고, 또 좀 알겠다 싶으면 뒤통수를 치며 배신하더라. 그래도 사진은 나를 떠나지 않고 나의 혹독한 스승이자 연인, 운명으로 남아주었어. 나는 나에게 없는 아름다움을 사진에서 찾았어. 사진은 나를 먹고살게 해주었고, 좋은 것도 누리게 해주었으며, 명예도 주었지. 무엇보다 내게 많은 좋은 인연을 안겨주었어. 또 촌년인 나를 조금은 괜찮아 보이도록, 조금은 멋져 보이도록 해주었어.

이상하지. 나 같은 사람이 예술 중에서도 가장 시대를 앞서나간다는 사진을 한다니. 그중에서도 가장 유행에 민감한 광고와 패션 사진을 한다니. 내 어릴 적 친구들은 내가 사진작가라는 걸 아직도 믿기 힘들어 해. 선희가? 옷을 예쁘게 입을 줄도 모르고, 그림도 못 그리고, 예술적 감각이라고는 제로였던 그 조선희가 사진을 찍는다고? 그것도 잘나가는 사진작가라고?

난 변명 아닌 변명을 하지. 신이 나를 만드실 때 아름다움을 앗아간 대신 아름다움에 대한 끝없는 갈망을 주셨다고. 그래서 아주 잠깐만 미술 교육을 받았을 뿐이고, 어떤 문화적 배경이나 경험도 없는 내가 오로지 그 갈망 하나로 사진을 할 수 있었노라고. 비록 아직도 세련되게 꾸밀 능력이 안 돼서 화장도 포기하고, 옷도 편하게 입고, 오직 머리 하나만 금발로 염색한 채 멋있는 척 살아가지만, 아름다움을 구하고 찾아내는 능력만큼은 신이 허락하셨노라고.

30대까지만 해도 나는 왜 이렇게 생겨먹었을까 못마땅했었어. 하지만 40대에 들면서부터 '아, 나는 이런 사람이구나, 이런 상처가 있고 이런 경험이 있어서 이런 사람이 되었구나' 하고 있는 그대로를 인정하게 되었지. 그리고 깨달았어. 나는 나를 데리고 사느라 너무나 힘들었는데, 그럼에도 나 자신을 사랑하고 있었다는 걸. 나 자신이 언제나 소중하고 애틋했다는 걸. 언젠가 누군가가 자기혐오가 강한 사람이 실제로는 자기애가 강한 거라고 말했을 때 뭔 헛소리야 하며 픽 웃었는데, 이제 그 말을 이해했어. 나는 나를 싫어했던 게 아니라 안타까웠던 거야. 내가 좀 더 사랑받을 만한 사람이 되기를 바랐던 거지.

좋든 싫든 앞으로도 나는 쭉 이렇게 촌스러운 나와 함께 살아야 돼. 살살 달래가며, 위로해가며 사이좋게 살아야지.

서수민 솔직히 나도 선희 네가 어떻게 사진작가가 됐을까 의아해하던 사람 중에 한 명이었어. 내가 아는 조선희는 예술적 감각이 좋은 편이 아니었어. 그림도 잘 못 그렸고, 색을 쓰거나 보는 능력도 많이 모자랐어. 의상학과의 디자인 수업에서는 스타일화를 그려야 하잖아? 선희 네가 하는 걸 보니 기본적인 선 긋기도 엉망이고 색채 감각도 많이 떨어지더라. '아, 쟤는 공부만 하다 온 아이구나, 그림을 그려본 적이 없구나' 생각했었지. 아니나 다를까, 미술학원에 등록했다가 가르치는 오빠가 다른 애들만 예뻐해서 화딱지 나서 그만뒀다지?

선희 너는 패션 감각도 이상했어. 어느 날 과 친구들과 모임이 있었는데, 세상에! 네가 머리부터 발끝까지 온통 초록색 옷을 입고 나타났어. 초록색 재킷, 초록색 바지, 초록색 귀고리, 게다가 초록색 양말까지! 도대체 그렇게 큰 초록색 귀고리와 초록색 양말은 어디서 사는 거야? 그날 정말 쇼킹했어. 깔깔 웃는 우리에게 조선희는 당당하게 말했지. "왜 이래, 나는 의상학을 공부하는 여자야! 의상학과 학생답게 입어야지!"라고.

그런 사람이 사진으로 벌어먹겠다고 하니 걱정이 되었어. 예술은 타고난 재능이 전부라고 해도 과언이 아닌데, 그걸 과연 할 수 있을까 싶었지.

그런데 이런 내 생각이 살짝 바뀐 사건이 있어. 어느 날 학생회관 1층 로비에서 선희 너를 만나기로 했어. 그 로비에 나무 벤치 하나 있었던 거 기억하지? 초등학교 책상처럼 군데군데 까진 낡고 오래된 벤치. 거기 앉아서 기다리고 있는데, 네가 카메라 두 대를 들고 나타났어. 하나는 일반 필름 카메라였고, 다른 하나는 폴라로이드 카메라였지. 이런저런 이야기를 나누다 네가 필름 카메라를 벤치 위에 올려놓고 폴라로이드 카메라로 찰칵 사진을 찍었어. 그리고 사진을 보여주며 말했어.

"사진은 빛을 읽어내는 거야. 나는 사물을 찍은 게 아니라 빛을 찍은 거야."

그 사진을 보고 내 심장이 '쿵' 했어. 벤치의 낡은 나무 질감과 묵직한 필름 카메라, 그 위로 쏟아지는 햇살. 너무 아름다운 사진이었어. 이런 질감을 포착해낼 수 있다니. 그때 알았어. 이 아이에겐 내가 생각했던 것보다 훨씬 뛰어난 뭔가가 있다. 타고난 재능 이상으로 보여줄 뭔가가 있다!

나는 그것이 사진으로 먹고살겠다는 조선희의 '의지'와 나고 자란 환경에서 얻은 조선희의 '감수성'이라고 생각해. 네 사진을 보면 눅눅하고 슬프고 불안한 조선희만의 톤이 있어. 그건 아마도 너의 성장환경, '촌년'으로 살아온 삶에서 나오는 것이라고 생각해. 촌년임에도 불구하고 최고의 사진작가가 된 것이 아니라, 촌년이라서 최고의 사진작가가 될 수 있었던 거지.

　나 자신에게도 똑같은 말을 할 수 있을 거야. 내가 지금 이 자리까지 온 것 역시 반항아였던 어린 시절이 있었기에, 아버지의 인정을 갈구했던 학창 시절이 있었기에, 약하다는 걸 숨기기 위해 고슴도치처럼 온몸에 가시를 곤두세우며 보낸 그런 시절이 있었기 때문이란 걸. 나도 이런 내가 너무 싫었지만, 이런 나였기 때문에 여기까지 올 수 있었다고 생각해. 그러니 우리는 너무 자신을 미워해서는 안 돼. 마음에 들지 않는 내 모습, 서투르고 한심하고 못나 빠진 그 모습이 결국은 나를 분발하게 하는 힘이니까.

그때 나는
쿨하지 못했어

서수민   한창 〈개그콘서트〉를 연출하고 있을 때 딸들이랑 동네 찜질방에 간 적이 있어. 황토방과 맥반석방을 오가며 땀을 쭉쭉 빼고 있는데, 젊은 커플 한 쌍이 다가와서 "서수민 PD 아니세요?" 하고 불쑥 물었어. 반사적으로 "아닌데요!" 하고는 황급히 일어서는데, 딸들이 "엄마 맞잖아!" 하더군. 입을 막으려 했는데 이미 늦었지. 결국 "죄송합니다. 제가 서수민 맞습니다" 하며 어색하게 인사를 했어. 처음 유명세를 경험한 터라 당황했던 거지. 부끄럽기도 하고, 불편하기도 하고.

사실 난 좀 오줄없는 사람이야. 어디 가서 바보짓도 잘하고 진상 떠는 게 내 특기지. 그런데 얼굴이 알려지니 행동이 조심스러워졌어. 아이들이 학교에서 겪을 일도 많이 걱정되더라.

이게 다 박성광 때문이야. 그가 〈개그콘서트〉의 '용감한 녀석들' 코너에서 "서수민 PD, 진짜 못생겼다"고 발언하면서부터 이 모든 일이 시작되었지. 사실 나는 그가 이런 말을 할 줄은 꿈에도 몰랐어. 힙합이 들어가는 코너이고 제목이 '용감한 녀석들'이니만큼 뭔가 용감한 발언이나 디스, 공격하는 랩을 하자는 데에는 뜻을 같이 모았어. 디스의 대상을 신보라는 연예인, 정태호는 사회문제, 박성광은 제작진으로 정한 것도 같이 아이디어를 모은 것이었지. 하지만 그 대상이 내가 될 줄은, 심지어 나를 못생겼다고 말할 줄은 상상도 못했어.

사실 나는 박성광이 제작진을 디스하는 게 반응이 제일 약할 거라고 생각했어. 한두 회 해보고 터지지 않으면 내리거나 다른 대상으로 바꿀 생각이었지. 그런데 그 반대였어. 방송이 나가고 곧바로 "서수민 못생겼다"가 실시간 검색어에 올라왔어. 반응이 터진 거야. 시청자들에겐 연예인이나 정치인과 같은 거창한 권력에 대한 디스도 재미있지만, 내 생계를 쥐락펴락할 수 있는 가까운 권력에 대한 소심한 디스가 더 재미있게 보였나 봐.

문제는 디스의 수위가 여기에 머물지 않고 점점 높아졌다는 거지. 보톡스를 맞고 왔네, 욕을 했네, 침을 뱉었네, 방귀를 뀌었네, 남편이 어쨌네 하며 회를 거듭할수록 점점 심해지는 거야. 개인적으로는 너무 싫은데 방송을 위해서는 참아야 하고……. 아마 사람들은 박성광이 그렇게나 공격하는데 내버려두다니 서수민이 유명해지고 싶어서 일부러 시켰거나 혹은 아주 쿨한 사람이라고 생각했을 거야. 하지만 실제로는 둘 다 아니었어. 정말 쿨한 척이라도 하고 싶었는데 그렇게 하지 못했어. 분위기는 자꾸 대결 구도로 가고 다들 내가 거기에 반응해주길 바라는데, 그것도 너무 싫었어. 점점 박성광과 어색해지기 시작했어. 회의할 때마다 서로 말꼬리를 잡고 틱틱거렸어. 이만하면 많이 했다, 그만해라. 싫다, 계속할 거다, 좋으면서 뭘 그러냐. 분위기가 너무 살벌해서 신보라와 정태호가 중간에서 고생을 많이 했어.

사실 박성광 입장에서는 포기할 수 없었을 거야. 개그가 한번 터지는 게 얼마나 어려운데. 그 사실을 잘 알기 때문에 나도 그만하라고 하면서도 그렇게 강하게 말하지는 못했어. 그러다가 우려했던 일이 터지고 말았어.

인터넷에 서수민 PD 안티 카페가 생겼는데, 어떤 아이가 글을 올렸어. 나 서수민 PD 봤는데 진짜 못생겼다, 그 아줌마 딸도 못생겼다, 나랑 같은 학교 다닌다, 어느 아파트 몇 층 몇 호에 산다, 이런 내용이었어. 이 글이 학교에 퍼져서 아이가 놀림을 당하고 울며불며 난리가 났어. 나 거기서 무너졌어. 나까지는 참겠는데, 가족한테 그러는 건 못 참겠더라. 그래서 '용감한 녀석들' 팀을 다 불러서 말했어. 미안한데 이제 그만하자, 내 딸이 이런 일을 당해서 도저히 계속

할 수가 없다, 이해해달라.

그제야 박성광이 미안해했어. 자기는 내가 하지 마라, 하지 마라 해도 빈말인 줄 알았대. 내가 그렇게 싫어하는지도 몰랐고, 이 정도로 여파가 심할지도 몰랐대. 내가 쿨하게 즐기는 줄로만 알았는데 무너지는 걸 보고는 좀 놀랐나 봐. "PD님, 앞으로는 안 하겠습니다" 하고는 그때부터 다른 제작진을 열심히 디스했어. 하지만 잘 안 됐어. 반응이 처음과 같지 않더라. 결국 더 치고 올라갈 수 있는 기회를 내가 빼앗은 셈이 되었지. 팀 전체에게 미안했어.

"이만큼 살아보니 세상에서 가장 행복한 삶은
있는 그대로의 자기를 지키며 사는 삶 같아.
긴장을 버리고 조금씩 느슨하게 나를 풀면서 살아보려고 해."

그로부터 몇 년이 지났지만, 가끔 이 일을 생각할 때마다 후회 반, 안심 반의 감정이 들어. 별것도 아닌 일에 내가 너무 예민하게 반응했던 건 아닐까? 방송을 사사로이 사용한다는 오해를 피하려고 정작 중요한 재미를 쉽게 놓아버린 건 아닐까? 하지만 나는 그렇게 엄청난 안티를 감당할 그릇이 못 된다는 걸 알았고, 그 정도로 끝날 수 있었던 걸 다행이라 생각하기도 해.

그 후로도 사람들이 나를 강하고 센 캐릭터로 받아들이는 상황을 많이 겪었어. 실제로 나 자신도 이곳에서 살아남기 위해 필요 이상으로 센 척하고 잘 싸우고 말도 강하게 하고 다녔으니 그런 이미지에 일조했지. 나에게 따라붙는 수식어들, 이를테면 개콘 PD, 여자예능 PD, 쌈닭, 종북 PD 등만 봐도 그래. 하지만 실제의 나는 소심하고, 부끄러움도 잘 타고, 상처도 잘 받고, 자존감도 낮고, 악성댓글 하나에 온종일 전전긍긍하는, 쿨한 것과는 거리가 먼 사람이야.

본래의 나와 남들에게 보여주는 나. 누구나 이런 두 개의 자아를 가지고 살아갈 거야. 하나의 자아는 커리어를 추구하고 성공을 위해 자신을 강하게 몰고 간다면, 또 다른 자아는 일상의 소중함을 추구하고 자신의 내면을 들여다볼 시간을 요구하지. 두 자아가 모두 다 소중하고 잘 돌봐야 할 대상인데, 현실은 자꾸만 한쪽 자아, 즉 보여주는 자아에만 치중하도록 우리를 다그쳐.

지난 20년 동안 나도 너무 한쪽 자아에만 몰입한 것 같아. 특히 여자라서 약해 보이지 않으려고, 내가 모자란 걸 들키지 않으려고 더욱 기를 썼어. 그 결과 더 많이 상처받고, 더 많이 괴로웠어. 그럴수록 밖에서는 아무렇지도 않은 척 더 쿨하게 굴었지.

최근에 KBS를 퇴사하면서 새롭게 결심했어. 이제부터는 못하는 건 못한다 말하고, 싫으면 숨기도 하고, 힘들면 울기도 하고 그렇게 자연스럽게 살기로. 다시 촌년의 본색으로 돌아가는 거야. 이만큼 살아보니 세상에서 가장 행복한 삶은 있는 그대로의 자기를 지키며 사는 삶 같아. 물론 강한 척, 센 척, 대담한 척하다 보면 한계를 깨고 정말 강해질 수도 있겠지. 하지만 꼭 그래야만 길이 있는 것도 아니고, 그 방법이 유일한 것도 아님을 이제는 깨달았어. 본래의 자신을 지키면서도 어려운 상황을 풀어나가는 사람들이 얼마든지 있으니까. 긴장을 버리고 조금씩 느슨하게 나를 풀면서 살아보려고 해.

〈개그콘서트〉를 하면서 온 국민의 웃음거리도 되어보고, 정치 세력에게 난데없는 음해와 공격도 당해보고, 얼굴도 모르는 수많은 사람으로부터 악성댓글도 받는 등 신기한 경험 참 많이 했어. 내 인생에서 이런 특별한 경험은 이것으로 끝이면 좋겠어. 나는 그냥 코미디와 예능을 좋아하는 PD일 뿐이야. 앞으로도 계속 사람들에게 웃음을 주는 예능 프로그램, 배꼽 잡는 드라마를 만들며 살 거야.

📷

조선희　조선희가 서투르고 매너 없고 튀는 자신과 살아가느라 힘들었다면, 서수민은 센 척하느라 힘들었구나. 그런데 부당하다고 생각하면 항의하고, 아니라고 생각하면 절대로 양보하지 않는 그런 모습도 서수민이야. 너는 그게 네 본성이 아니라고 말하지만, 나는 꼭 그렇지만은 않다고 생각해. 사회에 나가기 전까지 그런 모습을 발산할 기회가 없었을 뿐 승부에서 이기고 싶어 하고, 페어플레이가 아니면 분노하고, 옳다고 생각하면 어떤 위협에도 굴하지 않는 기질이 처음부터 네 안에 있었던 거야.

다만 소심하고 상처받는 너의 또 다른 자아도 잘 돌봐야 해. 그걸 자꾸 외면하다 보면 상처가 깊어지는 걸 넘어서 아예 그 자아가 사라질 수도 있으니까. 그렇게 되면 오직 가시와 발톱만 남은 괴물로 변해버릴 수도 있어. 물론 내 친구 수민이가 그럴 리는 없겠지만.

상처 줘서 미안해요

조선희　나는 항상 이 말투가 문제인 것 같아. 이놈의 말투 때문에 실수도 많이 하고 오해도 많이 받았거든.

한번은 이런 적이 있었어. 어느 배우의 사진을 찍는데, 그녀의 전속 스타일리스트가 해놓은 스타일이 마음에 안 들었어. 콘셉트와 어울리지 않으니 셔터를 아무리 눌러도 이거다 하는 사진이 안 나왔어. 몇 번이나 수정을 요구했는데도 내가 설명을 잘못한 건지, 아니면 그 사람이 생각하는 방향이 달랐던 건지 제대로 커뮤니케이션이 안 되더라. 시간은 자꾸 가는데 촬영은 끝내야 되고……. 결국 내가 결단을 내렸어.

"이게 최선이라는 거죠? 알겠어요. 지금부터는 내가 알아서 할게요."

그러고는 다른 스타일리스트를 불러다가 전부 수정하게 했어. 촬영은 잘 끝났어. 사진도 아주 잘 나왔고. 하지만 그 배우는 두 번 다시 나와 사진을 찍지 않았어. 내가 자기 스태프에게 상처를 줬기 때문에 같이 일할 수 없다고 했대.

또 이런 적도 있었어. 그날도 톱스타를 촬영했어. 그런데 메이크업 아티스트가 해놓은 화장이 마음에 들지 않았어. 고치자고 하니까 안 되는 이유를 늘어놓더라고. 대뜸 "너는 이 메이크업이 예쁘다고 생각하니?"라고 말해버렸어. 조금 있다 보니까 그녀가 상처를 받았다며 구석에서 펑펑 울고 있더라.

나는 내 생각을 부드럽고 세련되게 표현할 줄 몰라. 본성 자체가 그렇기도 하거니와 성장환경도 그랬어. 어느 누구도 따뜻한 말 한마디 해주지 않는 환경에서 자랐기 때문에 어떻게 말하는 게 좋은지, 예쁘게 말하는 법은 뭔지 배울 기회가 없었어. 그래서 학창 시절부터 아주 친한 친구들조차도 내 말투를 싫어할 때가 종종 있었어. 그러니 배우들에게도 오해를 많이 받았어. 송혜교는 어릴 때부터 나와 촬영을 많이 했는데, 끝나고 술 먹자고 하면 늘 바쁘다고 먼저 가버리더라고. 한참이 지나서야 혜교가 속마음을 털어놓았어.

"미안해요. 나는 언니가 너무 무섭고 싫었어요."

신민아도 친해지기까지 시간이 오래 걸렸어. 생각해보면 나이가 어린 여배우일수록 나를 무서워했던 것 같아. 그랬겠지. 순진하고 겁 많은 소녀들에게 나처럼 센 언니는 무서웠을 거야. 지금은 두 사람 모두 나이를 먹어서 웬만한 말에는 눈 하나 꿈쩍 안 해. 무리한 요구도 척척 들어줘. 이제 이들도 프로가 되었으니까.

> "좀 더 생각하고 말하고, 좀 더 둘러서 말하고, 화내지 않고도
> 얼마든지 자기 생각을 표현할 수 있는데,
> 나는 이렇게 생겨먹었단 이유로 노력조차 안 했던 거야."

하지만 끝까지 오해를 풀지 않은 배우들도 몇 있어. 아예 조선희와는 일하지 않겠다고 못 박은 사람도 있고. 광고주와 이야기가 잘되어서 콘셉트 회의까지 다 해놓았는데, 배우가 나를 싫어해서 일을 놓친 적도 있어. 한번은 나와 오랫동안 함께 일한 여배우가 촬영 당일 사진작가가 나라는 걸 알고 취소한 일도 있었어. 사진 작가를 바꿔주면 촬영장에 온다고 했다는 거야. 마음이 너무 아팠어. 그 후 우연히 옛 매니저를 만날 일이 있어서 물어봤더니, 사실 그녀는 나와 촬영하고 돌아갈 때마다 차 안에서 펑펑 울었대. 조선희랑 일하기가 너무 힘들다며.

〈도전 슈퍼모델 코리아〉와 〈식스틴〉에 출연했을 때에도 나의 말투가 문제가 되었어. 나는 그들이 프로가 되고 싶은 아마추어이기에 도움이 될 만한 이야기를 해주고 싶었어. 근데 그게 다 최악의 혹평

또는 독설이 되더라. 방송에서는 그렇게 직설적으로 말하면 안 된다는 걸 그때 처음 배웠어.

처음엔 좀 억울했다. 서수민, 너도 알잖아. 나는 목소리가 크고 억양이 거칠 뿐 실제 성격은 매우 다정다감하다는 걸. 별 내용이 아닌데도 내 입에서 나오면 야단치는 것처럼 들리는 거야. 한편으로는 그 정도의 비판도 못 받아들이면서 이 살벌한 패션계, 연예계에서 어떻게 살아남겠다는 것인지 반감도 들었어.

하지만 인정할 것은 인정해야지. 내가 상처를 준 건 분명하니까. 또한 이런 목소리와 말투도 나의 노력에 따라 얼마든지 달라질 수 있는 거니까. 좀 더 생각하고 말하고, 좀 더 둘러서 말하고, 화내지 않고도 얼마든지 자기 생각을 표현할 수 있는데, 나는 이렇게 생겨 먹었단 이유로 노력조차 안 했던 거야.

늦었지만 지금이라도 내게 상처받은 사람들에게 미안하다고 말하고 싶어. 또한 앞으로 본의 아니게 상처받게 될 많은 사람들에게도 미리 미안하다 말하고 싶어.

그래서 나는 촬영이 끝난 후에 꼭 스태프들과 술을 마셔. 술을 마시면서 말해. 미안하다, 혹시라도 촬영하는 동안 내가 한 말 때문에 상처받은 사람이 있다면 용서해라, 절대로 무시하거나 함부로 대한 것이 아니다, 촌스러워서 세련되게 표현하지 못해서 그런 것이다, 제발 이해하고 나를 좋아해 달라. 이렇게 솔직하게 말하고 있어.

처음부터 다정하고 세련되게 말해서 사과할 일을 만들지 않는 편이 더 좋겠지. 하지만 나 같은 사람은 일단 내뱉고, 상처 주고, 그 후에 사과하며 살아. 이것도 내가 살아가는 한 방법이야.

서수민　주변 사람들한테 '조선희 작가' 하면 뭐가 떠오르느냐고 물어보니 금색으로 염색한 머리와 거침없는 말투, 심한 사투리 억양과 걸걸한 목소리라고 말하는 사람이 많았어. 여기에 반감을 갖는 사람도 있겠지만, 신기하게 여기고 호기심을 갖는 사람도 분명 있을 거야.

나는 PD라서 출연자를 섭외할 때 한 사람, 한 사람이 갖고 있는 기존의 이미지와 그들이 한데 얽혀 만들어낼 '케미', 화학반응에 대해서 많이 생각해. 방송에서 너를 섭외했다면 결코 다소곳하고 조심스러운 조선희를 기대한 건 아닐 거야. 오히려 시원하게 내뱉고 솔직한 발언으로 빵빵 터뜨리는 조선희를 원하는 거지. 이런 캐릭터는 안티를 만들어내기도 하지만 골수팬을 만들기도 해. 모든 사람에게 사랑받을 수는 없어. 사랑해주는 사람이 조금이라도 있다면 그걸로 충분한 거야.

반항하다가 망했다

서수민 　어느 단체로부터 의뢰를 받아 강연을 하러 간 적이 있어. 강연이 끝나고 한 여성분이 "서수민 PD님, 우리 딸이 PD님처럼 되고 싶어 해요. 사인 좀 해주세요"라며 다가왔어. 웃으면서 사인을 해주었지만 마음이 불편했어. 왜 나 같은 사람이 되고 싶은 걸까? 곱고 편하게 살 수 있는 길이 많을 텐데 왜 굳이 나처럼? 물론 그분은 그냥 한 말이었을 텐데 난 무지 부담스러웠어.

이렇게 불편한 마음이 든 이유는 그 순간 내 머릿속에 내가 보낸 KBS에서의 15년이 주마등처럼 스쳐 지나갔기 때문이야. 사람들은 〈개그콘서트〉 이후에 유명해진 서수민만을 알고 있어. 그 전까지 내가 얼마나 오랫동안 KBS의 내놓은 자식으로 살았는지 잘 모르지. 변두리 방송만 전전했던 15년의 흑역사. 그 불편한 진실에 대해서는 아무도 모를 거야.

처음 입사했을 때 나는 KBS가 11년 만에 뽑은 여자 PD로 주목을 받았어. 지금이야 여자 PD가 대세지만 그때는 그렇지 않았거든. 과연 여자가 잘할 수 있을까, 괜히 뽑은 건 아닐까, 기대 반 불안 반의 시선이 지배적이었지.

시작은 괜찮았어. 선배들 지시에 빠릿빠릿하게 움직였으니까. 행동이 빠르고 말귀를 잘 알아들어서 조연출로는 꽤 인정을 받았어. 〈빅쇼〉, 〈도전 주부가요스타〉 등을 하다가 1999년에 〈개그콘서트〉가 처음 만들어졌을 때 조연출을 했어. 사실 내가 하고 싶었던 건 〈이문세 쇼〉 같은 음악 토크쇼였는데 여러 번 지원해도 잘 안 되더라.

2003년에 드디어 입봉, 메인 PD로서 첫 프로그램을 맡을 기회가 주어졌어. 원래 진정한 입봉은 내가 직접 기획부터 연출까지 하는 거지만 나는 선배가 기획한 파일럿 프로그램을 물려받았어. 그게 바로 〈폭소클럽〉이었어. 열심히 준비해서 첫 방영을 했는데, 시청률이 10퍼센트가 나왔어. 모두 깜짝 놀랐어. 실험적인 프로그램이었고, 새까맣게 어린 기수한테 맡겼는데, 그렇게 잘 나올 줄은 몰랐던 거지. 그때까지만 해도 나는 나름 잘나가고 있었어. 동기 중에서 입봉이 가장 빨랐고 결과도 좋았으니까.

그런데 일이 서서히 꼬이기 시작했어. 〈폭소클럽〉의 콘셉트가 전문 영역의 다양한 사람들이 나와서 발언하는 스탠딩 코미디였거든.

그래서 출연자를 개그맨에 한정 짓지 않고 과학강사, 마술사, 행사 사회자, 개그맨 지망생 등 새로운 인물을 발굴했어. 그 마술사가 이은결, 행사 사회자는 김제동, 개그맨 지망생은 김준현이었어. 시청자 반응은 아주 좋았지만 왜 공영방송에 듣도 보도 못한 검증되지 않은 사람들이 나오느냐는 비판이 KBS 내부에서 나오기 시작했어. 구체적으로 몇 명을 빼라는 지시도 받았어. 서수민이 이들한테 돈을 받은 게 아닌가 의심하는 소리도 들려오더라.

화가 나서 가만히 있을 수가 없었어. 그래서 여기저기 성질을 내고 다녔지. 그리고 나니 곧바로 성격 나쁜 여자, 드센 여자라는 소문이 퍼졌어. 이게 악운의 시작이었어. 이때부터는 뭘 해도 되는 일이 없었어. 일요일 버라이어티쇼를 맡았는데 건강만 축나고 결과는 신통치 않았어. 그다음에는 〈개그사냥〉이라는 심야 개그 프로그램을 기획해서 시작했는데, 반응이 거의 없다시피 했지.

일이 잘 안되면 기가 죽던지 눈치 보며 조용히 있던지 해야 하는데, 그 와중에도 나는 끊임없이 싸웠어. 거의 안 싸운 선배가 없었어. 싸울 때는 내가 옳다고 생각했는데, 시간이 지나고 보니까 좀 많이 멍청했던 것 같아. 앞뒤 분간을 못했던 거야.

이런 상태로 10년을 보내고 나니 내가 갈 데가 참 애매해졌더라. 매년 개편 때마다 위에서 프로그램을 배정해주는데, 나처럼 상태 안 좋은 PD한테 간판 코미디 프로그램을 줄 수도 없고, 음악 쇼처럼 알

짜배기 프로그램을 줄 수도 없었던 거야. 매번 가고 싶은 프로그램을 적어냈지만 희망대로 배정받은 적이 한 번도 없었어.

"나, 그때는 보이지 않았던 것이 지금은 보여.
나는 어쩜 그렇게 독이 잔뜩 올라서 화만 내고 있었을까."

하루는 내가 그나마 믿고 따르던 선배에게 가서 〈개그콘서트〉에 합류하고 싶다고 말했어. 그랬더니 대뜸 "너는 안 돼" 하는 거야. 그곳에서는 사람 관리가 제일 중요한데 쌈닭인 네가 어떻게 사람을 관리하겠느냐고. 듣고 보니 맞는 말이라 반박도 못했어.

억지로 자리를 만들어준 게 〈가족오락관〉이었어. 그때 이제 난 예능 PD로서의 경력은 끝났구나, 회사가 내게 기대하는 건 없구나 생각했어. 새로운 걸 한창 만들어낼 시기에 새로울 필요가 없는 프로그램을 시킨다는 건 뭘 할 생각을 하지 말라는 거잖아. 그때 마음이 좀 급해지더라.

어떻게든 해보려고 끊임없이 기획안을 써서 위로 올렸어. 이런 프로그램을 만들겠다, 내게 기회를 달라. 계속 요구했지. 〈코미디 스타〉라는 프로그램을 기획해서 사내 공모전에서 우수상도 받았어. 그런데 제작은 안 됐어. 다른 PD들이 비슷한 콘셉트로 프로그램을 만드는 경우를 지켜봐야만 했어. 기획안은 올리는데 내게는 기회가 주어지지 않고……. 난 그렇게 계속 까이기만 한 거야.

이유가 뭘까? 그때 내가 찾은 답은 하나였어. 밉보여서 그런 거구나. 국장님과 윗사람들이 나를 싫어해서, 성격이 고분고분하지 못하고 제멋대로라서 다루기 힘들다는 이유로 내게 기회를 안 주는 거구나. 뭔가 불합리하다는 생각이 들어 더더욱 엇나갔지.

나, 그때는 보이지 않았던 것이 지금은 보여. 나는 어쩜 그렇게 독이 잔뜩 올라서 화만 내고 있었을까. 그때 내 눈에는 모든 것이 부당해 보였고, 내가 당하고 있다는 생각만 들었어. 한번 밉보였다고 계속 이렇게 망하는 거구나, 나는 망했구나. 계속 이런 틀에 갇혀 있던 거야. 그런데 돌이켜보니 내 잘못이 컸어.

내가 CP, 책임 프로듀서가 되어보니 더 분명하게 알겠더라. 난 그냥 실력이 없던 PD였던 거야. 일을 시키기엔 불안한, 똑 부러진 성과가 없는 그런 PD였던 거지. 기획안만 낸다고 그걸 다 성공시키는 건 아니거든. 어떻게 만드느냐에 따라서 예능 프로그램은 정말 달라져. 나한테 기회를 안 준다는 생각에 불평만 하고 있다 보니 객관적으로 날 볼 수 없었던 거야.

나는 치고받고 반항하고 불만만 가득한, 좋은 PD와는 거리가 먼 나쁜 PD였어. 게다가 하는 방송마다 시청률이 좋지 않았으니 능력면에서도 뛰어나다고 볼 수 없었지. 내 흑역사가 15년이나 계속된 건 불운이 아니었던 거야. 자업자득이었어.

일부 후배들은 이런 내 흑역사를 무용담처럼 받아들이는 것 같더라. 그렇게 들이받고 할 말 다하면서도 결국 〈개그콘서트〉를 성공시켜 이름이 알려졌으니 나처럼 해도 괜찮은 거 아니냐고 말하는 후배들이 몇몇 있어. 하지만 나는 분명하게 말해줘. 너희들은 할 수만 있다면 성질을 죽이고 둥글게 살라고. 싸워서 얻을 수 있는 건 아무것도 없다고. 그때 나는 서툴렀고, 어리석었고, 막돼먹어서 그로 인해 길고 긴 불필요한 암흑기를 보냈다고. 그건 결코 멋지지도 현명하지도 않은 선택이었으니 너희들은 절대로 그러지 말라고.

📷

조선희 대학 때 수민이 네가 영화를 찍게 되었다며 흥분 상태로 집에 온 적이 생각나는군. 어떤 사람이 교양수업 시간에 너를 보고 영화에 주인공으로 캐스팅을 했다나 뭐라나. 말도 안 되는 얘기라고 생각했는데 진짜였어. 어떤 여주인공인데, 내가 물으니 네가 대답했지.

"응, 운동권 여학생이래."

풉, 이해가 갔어. 그 감독은 예쁜 여주인공이 필요했던 게 아니라 반항적인 이미지의 여주인공이 필요했던 거야. 너를 보자마자 네가 반항적인 사람이라는 걸 귀신같이 알아차린 거지.

그 사람은 그걸 어떻게 알았을까? 나는 눈빛이라고 생각해. 동그랗게 뜨고 상대를 빤히 바라보는 서수민의 눈빛, 싸움을 거는 것 같은 서수민의 눈빛 말이야. 수많은 사람의 포트레이트portrait, 인물 사진을 찍어보고 내가 느낀 건 눈빛은 그 사람의 인격이란 점이야. 슬픈 눈빛은 그 사람이 슬프다는 걸, 행복한 눈빛은 그 사람이 행복하다는 걸 말해줘. 서수민, 너의 눈빛은 네가 반항적인 사람이라는 걸 말해주지.

사진작가로 말하자면, 그건 아주 좋은 눈빛이야. 또렷하고 힘이 넘치고 기가 살아 있으니까. 가끔 너를 찍을 때마다 그런 생각을 했어. 이런 눈빛을 가진 사람이라면 언젠가 대단한 뭔가를 터뜨리겠다고. 그리고 정말 그렇게 됐잖아? 네가 말하는 그 흑역사의 기간 동안 난 단 한 번도 네 눈에서 그 반항의 빛이 사라진 걸 본 적이 없어. 넌 누구보다 열심히 했고, 열정이 가득했고, 뭔가 더 해보려고 기를 쓰고 있었어.

그런 눈빛을 나는 신인 배우들한테서 많이 봐. 신인 시절의 절박함, 열정, 욕망은 그 어느 때보다 뜨거운 법이거든. 그런데 좀 뜨고 나면 아주 빠르게 그 눈빛이 사라지는 걸 또 봐. 갑작스러운 인기와 부에 들떠 홀로 헤쳐 나가려는 반항기를 아주 쉽게 잃어버려. 그렇게 되면 나한테는 사진 찍는 일이 고통이 되어버리지. 눈빛을 잃어버린 피사체는 화려한 옷을 걸친 마네킹에 불과하니까.

가끔 나도 거울 앞에서 내 눈빛을 체크해. 그러면 세월이 이렇게 흘렀는데도 아직도 현실에 만족 못하는 욕심꾸러기 두 눈이 '뭐 어쩌라고?' 하면서 나를 쏘아보지. 그러면 나는 되받아주지. 제대로 해! 내가 두 눈 부릅뜨고 지켜볼 거야!

나는 믿어. 설사 최악의 암흑기를 보내고 있다고 해도 눈빛이 살아 있는 한 그 사람은 끝난 것이 아니라고. 그런 눈빛을 가진 사람이라면 언젠가 반드시 뭔가를 해낼 거야.

이걸로
먹고살겠다는 마음

조선희 너도 알겠지만, 대학 4년간 내가 한 일이라고는 술 마시고, 짝사랑하고, 사진 찍은 것밖에 없었어. 학교 다니는 동안은 전혀 문제가 안 됐는데, 막상 졸업을 앞두니 걱정되더라. 어쩌지? 뭐 해먹고 살지? 할 줄 아는 건 사진밖에 없는데…….

그때부터 사진을 찍으며 먹고살 길을 찾아봤지. 근데 앞이 꽉꽉 막혀 있었어. 나는 사진을 전공한 것도 아니고, 사진 쪽으로 인맥이 있는 것도 아니니까. 게다가 여자라서 더 어려울 거라는 이야기만 계속 들었어.

급한 마음에 대학원을 가기로 했어. 이론을 공부해야 하니까 도서관에도 열심히 다녔지. 고등학교 3학년 때 이후로 그렇게 열심히 공부한 적이 없었어. 그런데 보기 좋게 대학원 시험에 떨어지고 말았

어. 사진으로 먹고살 수 있는 유일한 길이라 생각했는데 그마저 막
힌 거지.

지금은 다행이라고 생각하지만 그때는 정말 막막했어. 이 사람 저
사람 닥치는 대로 붙잡고 어떻게 하면 사진작가가 될 수 있냐고 묻
고 다녔어. 누군가 생전 처음 듣는 '포트폴리오'라는 걸 알려주더라.
이걸 만들어두어야 스튜디오에 가서 면접도 볼 수 있고 일도 따낼
수 있다는 거야.

집에 돌아와서 그동안 찍은 사진들을 쭉 살펴봤어. 그걸로는 안
되겠더라. 잡지에 실을 만한 수준의 프로페셔널한 사진이 필요했어.
그러려면 모델도 있어야 하고, 보조도 있어야 하고, 특별한 촬영장
소도 있어야지. 근데 그게 다 돈이야. 내가 뭔 돈이 있어? 보조는 사
진반 동기들에게, 모델은 동생에게 부탁해서 낙산해수욕장으로 갔
어. 물론 돈이 없던 나는 차비도 그들이 부담하게 했지.

쌀쌀한 새벽 5시. 동생에게 얇은 원피스 하나만 입힌 채 바닷물에
들어가라고 했어. 동생에게 씌울 광목천을 들고 있던 동기들도 덩달
아 바닷물에 들어가야 했지. 동생이 몸을 떨다 못해 이를 딱딱 부딪
칠 정도로 추워하는데도 나는 잔인하게 한 시간이 넘도록 셔터를 눌
러댔어. 그렇게 해서 포트폴리오에 실을 나의 첫 번째 작품이 탄생
했지.

두 번째 작품은 태백 탄광촌에서 찍었어. 모델은 아는 언니로부터

소개받은 남자 무용수였어. 이번에도 모델비는커녕 차비와 밥값조차 주지 못했어. 여관비가 없어서 텐트를 매고 가서 산속에서 잠을 잤지. 그날따라 비는 왜 또 그리 퍼붓는지. 그 열악한 환경에서 모델을 알몸으로 벗겨놓고 또 몇 시간 동안 셔터를 눌렀어.

이렇게 어렵사리 포트폴리오를 완성했어. 근데 이걸 가지고 뭘 어쩌지?

처음에는 웨딩숍을 기웃거렸어. 그러다가 누군가 사진작가 밑에서 어시스턴트를 해보라고 조언을 해주더라. 나는 사진작가를 보조하는 사람을 어시스턴트라고 하는지도 그때 처음 알았어.

당시 내가 들어본 적이 있는 유일한 사진작가가 김중만 선생님이었어. 그래서 무작정 나를 써달라고 편지를 썼지. 대학생 시절을 어떻게 보냈고 사진에 대한 나의 열정이 어떤지, 간절하지만 쿨하게 보이도록 짧게 썼어. 포트폴리오 중에서 남자 무용수의 엉덩이가 잘려 있는 사진 한 장을 함께 넣어 보냈어.

과연 연락이 올까. 주변 사람들은 크게 기대하지 말라고 했어. 나는 사진과를 나오지도 않았고, 여자라서 기회를 얻기 힘들 거라고. 그런데 어느 날 밤 12시에 전화벨이 울렸어. 받으니 대뜸 "너는 왜 전화한다더니 전화를 안 하니?" 그러는 거야.

"예? 누구세요?"

"나 김중만인데, 내일 압구정동 무슨 카페로 와라."

그렇게 해서 김중만 선생님의 어시스턴트가 될 수 있었어. 누군가는 행운이라고 하고 누군가는 기적이라고 하지. 생각해보면 내가 어시스턴트가 될 수 있었던 건 김중만 선생님이었기에 가능했던 것 같아. 선생님은 성장기를 외국에서 보내셔서 학벌에 대한 고정관념도 여자에 대한 편견도 없는 분이셨어. 그래서 스펙 같은 건 전혀 신경 쓰지 않고, 오직 나의 용기와 엉뚱함으로 판단하신 거지.

이렇게 해서 용케 진입장벽을 뚫었는데, 이후로도 사진 전공자가 아니라는 이유로 콤플렉스를 느낄 때가 많았어. 뭐 잡지사 같은 데서 행사를 하면 사진작가들이 오잖아. 그때 통성명을 하면 꼭 어느 대학에서 사진을 공부했냐고 물어. 나는 사진을 전공하지 않았다, 의상학과를 나왔다 하면 다들 묘한 표정을 지어. 나는 친해지고 싶어서 이것저것 묻는데 잘 껴주지도 않았어.

한번은 잡지사에서 연락이 왔어. 네 명의 사진작가가 같은 주제로 패션 화보를 찍는 기획인데 참여해달라고. 뛸 듯이 기뻤지. 주변 사람들한테 자랑하면서 막 뛰어다녔어. 그런데 한 시간 뒤에 전화가 왔어. 죄송하지만 다음 기회에 같이 하재. 알고 보니 다른 세 명이 합심해서 나를 거부한 거였어.

이 일로 스펙에 대한 한이 커졌어. 지금이라도 다시 대학원을 준비할까 하는 생각도 했는데, 학비를 감당할 자신이 없었어. 또 조금씩 일이 많아져서 시간적 여유도 없었고.

"내가 비주류라는 건 핸디캡이 아니라 오히려 축복이었던 거야.

수많은 사진작가들 사이에서 내가 달라 보인 이유가

바로 그것이었으니까."

그러다가 1998년, 결심했어. 그때까지 모은 돈을 가지고 뉴욕에 가서 사진공부를 하기로. 무슨 졸업장이나 수료증이 탐났던 건 아니야. 그보다는 그 도시의 자유와 열정을 마음껏 느끼고 싶었어. 거기에서는 전문적인 사진 교육이 어떻게 이뤄지는지도 궁금했어. 제대로 알아보지도 않고 무작정 떠났어. 우선은 어학원에 등록하고 학교는 차차 알아볼 생각이었지.

4주 동안은 꿈에 부풀어 행복했어. 그런데 그 허니문 같은 4주가 지나고 나니 내가 여기서 뭘 하고 있는지 회의가 들기 시작했어. 어학연수를 끝내고 사진학교에 들어가면, 그래서 수료증이나 학위 같은 걸 딴다면, 그래서 뭘 어쩔 건데? 그걸 가지고 한국으로 돌아가면 사람들이 금의환향이라도 한 듯 반겨줄까? 내 이력서에 뉴욕 무슨 무슨 스쿨이라는 줄 하나를 추가한다고 해서 사람들이 대단하다고 인정해줄까?

서울을 떠날 때만 해도 내가 굉장히 중요한 일에 도전하고 있다고 생각했는데, 막상 뉴욕에 오니까 그게 다 부질없다는 생각이 들었어. 이미 나는 사진을 찍고 있고, 누가 가르쳐주지 않아도 스스로 배울 수 있어. 거기다 내 사진을 좋아해주는 사람들도 있잖아. 그러면 된 거야.

유학이 될 줄 알고 떠난 뉴욕행은 두 달 간의 여행으로 끝이 났어. 남은 돈으로는 한국에서는 비싸게 파는 조명 장비들을 싸게 사서 돌아왔어. 이상하게도 떠날 때보다 돌아올 때 자신감이 넘쳤어. 떠날 때는 콤플렉스를 채우려고 했지만, 돌아올 때는 콤플렉스를 버리고 왔으니까.

언젠가 잡지에 내 첫 인터뷰가 실렸어. 제목이 '비주류 조선희'였지. 기자는 내가 여자이고 사진 전공이 아닌 걸 특이하다고 본 거야. 기사를 읽으며 눈이 번쩍했어. 내가 비주류라는 건 핸디캡이 아니라 오히려 축복이었던 거야. 수많은 사진작가들 사이에서 내가 달라 보인 이유가 바로 그것이었으니까. 나는 주류에 비해 카메라에 대한 전문적인 지식이 부족해. 그들이 줄줄 외고 다니는 카메라에 관련된 영어 표현이나 외국의 유명 작가 이름도 나는 잘 몰라. 그러나 나는 현장에서 실수를 거듭하며 체득한 사진에 대한 감각이 있어. 사진에 대한 열정과 허기만큼은 그 누구와 견주어도 부족하지 않다고 자부할 수 있어.

그 이후로 나는 스펙에 대해 일절 미련을 두지 않았어. 또 어느 순간부터 내가 사진을 전공하지 않은 것에 아무도 딴지를 걸지 않았어. 사진은 보여주는 예술이잖아. 내가 비전공자이건 여자이건, 사진 이론에 대해서 잘 알건 모르건, 좋은 사진을 찍으면 그만인 거야. 오히려 사진을 전공하지 않았기 때문에 쓸데없는 법칙에 얽매이지 않고 파격적인 사진을 찍는다는 소리를 많이 들었어.

지금은 내가 어시스턴트를 뽑는 입장이 되었는데, 나는 어느 대학을 나왔는지, 사진을 전공했는지 따지지 않아. 사실 포트폴리오조차도 잘 안 봐. 그보다는 인연이 더 중요하고, 인성이 더 중요하다는 걸 알게 되었거든. 그래서 나를 거쳐 간 어시스턴트들은 거의 대부분 비전공자야. 축구선수 같은 엉뚱한 이력을 가진 사람도 있어. 지금은 독립해서 스튜디오를 운영하며 엄청 잘나가는 사진작가가 되었지.

스펙은 환상 같은 거야. 없는 사람들에겐 이것만 있으면 길이 확 뚫릴 것 같지만, 막상 가져보면 그렇지도 않다는 걸 알게 될 거야. 여전히 경쟁은 심하고 길은 험하니까. 스펙 없이는 진입장벽을 뚫기가 어려운 게 사실이야. 그렇다고 영 길이 없는 것도 아니거든. 열정과 의지가 있으면 얼마든지 방법을 찾을 수 있고, 또 스펙보다도 인성, 태도, 의지 같은 걸 더 높이 사는 나 같은 사람도 분명 존재해.

얼마 전 고등학생 한 명이 방학에 내 밑에서 인턴으로 일하고 싶다고 편지를 보내왔어. 내가 원래는 이런 요청 잘 안 받거든. 근데 편지 내용이 너무 깜찍해서 마음이 움직였어. 보니까 일반 고등학교가 아니라 지방의 어느 대안학교를 다니고 있더라.

원래 2주를 일하기로 했는데, 내가 급하게 해외촬영을 나가게 되는 바람에 일주일 만에 돌려보내야 했어. 내가 미안해하니까 아이가 괜찮다며, 그렇지 않아도 다른 인턴 자리를 알아봐두었대. 어디로 가냐고 물으니 이외수 선생님 밑에서 일할 거래. "아니, 이외수 선생님을 어떻게 알게 됐어?"라고 물으니 해맑게 웃으며 대답하더군. "제가 편지를 보냈어요."

얼마 뒤, 내가 100명의 유명 인사를 모델로 100개의 가방을 찍는 재능기부 프로젝트를 하고 있는데, 이 아이로부터 전화가 왔어. "선생님, 이외수 선생님을 모델로 찍는 건 어떠세요?" 내가 "그야 말할 것도 없이 좋지"라고 대답했더니 "그럼 제가 연결해드릴게요" 하는 거야. 스펙이야 어쨌든, 이런 녀석이라면 분명히 성공할 거야.

서수민 그러고 보니 생각난다. 나도 졸업을 앞두고 뭘 해야 할지 우왕좌왕하다가 아무런 준비도 없이 케이블 뉴스채널에 원서를 냈어. 당시는 합격 여부를 알려면 직접 그 회사로 가야 했지. 로비에 붙어 있는 합격자 명단에서 내 이름을 찾는데, 없더라. 쳇, 떨어졌군. 서류전형에서 떨어지다니 어이가 없었어. 실망감을 안고 화장실에 가서 손을 씻고 있는데, 여자들 서너 명이 우르르 들어왔어. 다들 합격했다고 좋아하면서 필기시험 준비에 대해 이런저런 말을 하더라. 그러다 알게 됐어. 그들이 모 여대의 신문방송학과 졸업반 학생들이라는 걸.

순간, 언론사 시험을 보려면 신문방송학을 전공해야 하는구나 싶었어. 의상학 전공자가 PD가 되겠다고 하니 당연히 퇴짜를 놓은 거야. 그 길로 신방과 복수전공을 신청해서 학교를 1년 더 다녔어.

이후 KBS에 들어와서 보니 PD들 중 다수가 신방과 출신이고 최소한 연고대 이상의 고^흡스펙자들이더군. PD를 하는데 굳이 이런 고스펙이 필요할까 하는 의문이 들었어. 특히 나 같은 예능 PD는 지식보다도 오히려 끼와 재능이 중요한데, 왜 굳이 고학력에 논술시험, 교양시험을 거쳐야 하는 걸까. 명문대 수석 합격자에 수석 졸업생을 데려다 놓는다고 해서 일을 제일 잘하는 것도 아니거든. 오히려 〈프로듀사〉에서 김수현이 맡았던 백승찬처럼 더 어리바리한 면이 있어.

하지만 이것이 현실이고 게임의 룰이야. 그래서 가슴으로는 학력도 스펙도 허상이라는 걸 느끼지만 머리로는 그렇게 인정할 수가 없어. 당장 내 두 딸에게도 스펙은 아무 상관 없으니 공부를 하든 말든 너희들 마음대로 하라고 말하지 못해. 자유롭게 놀리면서 키우고 싶은 마음이 굴뚝같으면서도, 엄마처럼 PD라도 하면서 먹고살려면 공부를 하라고 말할 수밖에 없어.

그래서 나는 우리 딸들에게 간절히 하고 싶은 뭔가가 생기기를 기다리고 있어. 꿈이 없을 때 할 수 있는 일은 공부밖에 없지만, 꿈이 생긴다면 그걸 위한 공부를 하면 되는 거니까. 어느 날 갑자기 요리 사나 구두 디자이너 혹은 사진작가가 되겠다고 하면, 나는 두말없이 밀어줄 거야. 어떤 꿈이든 그게 정말 원하는 것이라면 그걸 찾는 것이 학창 시절에 해야 할 가장 중요한 일이라고 생각해. 그다음부터는 그 꿈을 이루기 위한 준비를 하면 되는 거지.

다행히 케이블 채널이 등장하면서 방송계 진입장벽이 점점 낮아지고 있어. 이전에는 공중파 PD가 되기 위해서는 공중파 방송 3사 공채시험을 치러야 했다면, 이젠 채널도 많아지고 제작사도 많아지면서 다양한 곳에서 경력을 쌓은 PD들이 공중파에 입성하기도 하거든. 또 굳이 공중파가 아니더라도 영향력 있는 채널들이 많이 생겨나면서 선택의 폭이 넓어지고 있지. 매체 환경의 변화 속도도 워낙 빠르니 몇 년 안에 공중파니 종합편성 채널이니 케이블이니 하는 구분이 의미가 없어질 수도 있어. 내가 만든 콘텐츠를 유튜브나 페이스북 같은 다양한 플랫폼을 통해 방송할 수 있는 시대가 되었으니까.

중요한 건 스펙이 아니라 열정인 것 같아. 하고 싶은 일을 빨리 찾고 열정을 불태울 수 있다면 훨씬 더 빨리 길을 찾을 수 있을 거야. 그만큼 헤매는 일도 줄 테니까.

욕하는 연습까지 해봤다

서수민   김준현 알지? 내가 그 친구를 처음 만난 건 〈개그콘서트〉를 연출하기 한참 전인 〈폭소클럽〉 때였어. 그때 김준현은 개그맨이 아니라 개그맨 지망생이었어. 그 당시 〈폭소클럽〉엔 개그맨 지망생들이 무대를 꾸미는 '루키'라는 코너가 있었는데, 그야말로 개그 '미생'들의 생명줄 같은 코너였지. 여기서 잘하면 〈개그콘서트〉라는 메인 프로그램으로 진출할 수도 있기에 다들 의욕적으로 열심히 했어.

그런데 당시 김준현은 그렇지 않았어. 열심히 안 하는 캐릭터랄까. 늘 말도 없고 별로 웃지도 않고, 개그맨이 되고 싶긴 한 건가 싶은 생각이 들게 했어. 처음 몇 주는 잘했어. 코너 이름이 '치어스'였던 것 같은데, 자뻑 캐릭터의 남자가 와인 잔을 들고 나와서 원맨 토크를 하는 거였어. 반응도 좀 있었고, 연기도 잘하고, 아이디어도 곧 잘 냈어. 그런데 어느 날인가, 녹화현장에 그가 나타나지 않았어. 전화도 받지 않고 완전히 잠적을 해버렸어. 이른바 펑크를 낸 거지.

말도 안 되는 일이었어. 좀처럼 잡을 수 없는 꿈의 기회를 줬는데, 어떻게 펑크를 낼 수가 있지? 이건 연극배우가 공연 날 사라진 것과 똑같아. 방송계에서 이런 일은 가차 없어. 곧바로 아웃이고, KBS는 물론이고 다른 방송국에도 발 못 붙이게 돼.

다음 날 작가들이 연락을 했더니, 개그를 그만하고 싶다고 죄송하다고 그러더래. 회가 거듭될수록 계속 새로운 아이디어를 내야 하는 압박을 견디지 못한 거야. 나는 친구들에게 김준현을 찾아서 무조건 데려오라고 했어. 얼굴을 보고 얘기해줘야 할 것 같았어. 다음 날 겁먹은 얼굴로 들어온 김준현에게 30분 동안 쉬지 않고 욕을 퍼부었어. 정신머리 없는 놈, 근본도 없는 놈, 기본이 안 된 놈, 죽어도 싼 놈. 이 바닥이 동네 놀이터냐, 맘대로 들어왔다가 싫다고 나가고 하게. 녹화가 장난이냐, 기다리는 관객과 스태프들은 또 어쩌고저쩌고…….

처음에는 잘못했다는 표정으로 앉아 있던 김준현도 내 욕이 점점 도를 넘어가니까 붉으락푸르락 열 받은 표정이 되더군. 아마 모욕당하는 기분이었겠지. 그러다 내가 마지막 말을 던졌어.

"다음 주 코너, 제대로 준비해 와!"

깜짝 놀라더라고. 이걸로 끝이구나 했는데, 다시 기회를 준다고 하니 놀랐나 봐. 이후로 그는 녹화에 한 번도 빠지지 않았어. 좋아서 하는 것 같진 않았지만, 그래도 꾸역꾸역 나오더라. 내내 신기했어. 펑크까지 낸 사람이 남으란다고 열심히 하는 모습이. 아마 천직이었나 봐. 나중에 물어보니 김준현도 좀 놀랐대. 잘릴 줄 알고 갔는데 다시 기회를 얻었으니까. 지금도 가끔 그에게 말해. "네 인생의 은인이 서씨라는 걸 잊지 말라"고. 어쨌든 나도 이 일로 새로운 나를 발견했어. 내가 이렇게 막힘없이 욕을 주르륵 뱉어내다니!

"내 속의 자아가 너무 상처를 잘 받고 나약하기 때문에
그걸 숨기려고 그토록 욕을 했던 거야.
강해서가 아니라 약해서 그랬던 거야."

내가 욕을 잘하나? 기억을 더듬어보면, 학생 때부터 KBS 입사 전까지는 그다지 욕을 하면서 살진 않았던 것 같아. 기껏해야 친한 친구들한테 살짝? 그것도 선희 너처럼 받아줄 만한 사람한테나 했지, 아무한테나 그러지는 않았어.

그런데 이게 의외로 편하더라. 사람들이 나를 어려워하기 시작했어. 약속 시간도 잘 지키고, 내 지시에도 잘 따르기 시작했어. '아, 욕을 하면 권위가 생기는구나, 그렇다면 계속 욕을 해야겠다'라고 생각했어.

잘못 생각해도 한참 잘못 생각한 거지. 욕을 하면 권위가 생긴다니, 어떻게 그런 못난 생각을 했을까? 딴에는 그게 나를 보호해줄 거라고 생각했나 봐. 방송국이라는 곳이 기 센 사람들로 우글거리는 곳이고, 조금만 방심해도 내 몫을 빼앗기고 영역을 침범당하고 무시당할 수 있는 곳이니까. 게다가 나는 여자라서 더 쉽게 얕보일 수 있지. 그래서 남자만큼, 아니 남자보다 더 세 보이려고 욕으로 두텁게 방어막을 친 거야.

실제로 나는 욕을 잘하기 위해 연습을 하기도 했어. 입사 초기에 어떤 선배가 내 얼굴을 보고 "아직 독기가 없구나. 널 어디다 쓰냐"라고 말하는 걸 듣고, 그 독기를 욕으로 채워 넣을 생각을 한 거지. 지금 생각하면 참 이상한 생각인데, 그땐 꽤 그럴듯하다고 생각했어. 거울을 보면서 연습했어. 대학 때 연극하면서 배웠던 발성법, 호흡법, 표정연기 등을 총동원했어. 나쁜 놈, 개새끼……. 거울 속의 내가 내 눈에도 표독하고 무서운 여자로 보였어. 이렇게 욕을 하면 아무도 내게 못 덤비겠지?

그렇게 나는 점점 세고 강한 캐릭터가 되어갔어. 하지만 실상은 강한 게 아니라 모나고 불편한 캐릭터였던 건데, 그걸 몰랐던 거지. 알다시피 정말 강한 사람은 강한 척할 필요가 없어. 내 속의 자아가 너무 상처를 잘 받고 나약하기 때문에 그걸 숨기려고 그토록 욕을 했던 거야. 강해서가 아니라 약해서 그랬던 거야.

꼭 자아가 분열된 것 같았어. 사람들은 내가 세다고 하는데, 내 안의 나는 점점 줄어들고 있었으니까. 모든 것이 억지고 깡이고 악이라는 생각이 들어서 힘들었어. 사실 나는 욕을 잘하는 사람도 아니고, 상처도 잘 입고 자존감도 약한 사람이라는 걸 나 자신은 알고 있었으니까.

돌이켜보면 욕은 내가 세 보이기 위해서 택한 하나의 방법이었을 뿐 꼭 해야 하는 건 아니었어. 원하는 것을 얻기 위해 꼭 강해 보여야 하는 것도 아니었어. 지금 일 잘하는 후배들을 보면 얼굴 한 번 붉히지 않고 자연스럽게 일을 풀어나가더라. 권위를 내세우지 않고도 얼마든지 원하는 걸 얻어내지. 이렇게 어린 후배들도 자연스럽게 알고 있는 것을 그때 나는 왜 몰랐을까? 왜 그렇게 모든 일을 힘으로 풀어야 한다고 생각했을까? 힘이 아니라 논리, 설득력, 아이디어의 참신함 등으로 풀어갈 생각을 왜 못했던 건지 이제야 후회가 돼.

하지만 어쩌겠어. 지나간 일을 돌이킬 수는 없어. 누군가 그랬어. 강한 척하는 것도 진짜 강해야 할 수 있는 거라고. 결국 나의 행동 하나하나가 모여서 나라는 사람의 인격을 형성하는 것이니 남들에게 보이는 내 모습이 결국 나인 거라고. 그러니 부인할 것도 후회할 것도 아닌 것 같아. 나는 그때 그런 마음을 먹었고, 그래서 그런 선택을 했던 거니까. 지금이라도 나의 어리석음을 깨닫고 더 이상 필요 이상으로 센 척하며 살지 않아도 된다는 데에 감사할 따름이야.

조선희 나는 너와 정반대야. 이미 말했지만, 나는 외모에서부터 너무 강해 보여서 사람들이 나를 필요 이상으로 두려워했어. 특히 말투와 목소리. 여기에 직설적인 화법까지. 20대에는 당돌하고 버릇없다는 소리를 들었고, 30대에는 제멋대로에 예의가 없다는 소리를 들었어. 40대인 지금은 오히려 센 언니, 멋진 언니라는 소리를 들어. 내가 바뀐 건가? 아니면 세상이 바뀌었나?

사진도 방송처럼 거친 현장이고 여기서 살아남으려면 강한 성격이 필요해. 하지만 나는 클라이언트한테 일을 따내야만 사진을 찍을 수 있는 커머셜commercial 사진작가이지. 클라이언트는 나의 밥줄이야. 그러니 나는 클라이언트에게 좋은 사람으로 보여야 돼. 실력에 대한 믿음을 주는 것은 물론이고, 현장을 장악해서 좋은 사진을 뽑아낼 리더십이 있다는 걸 증명해야 해. 이게 어려워. 부드러우면서도 강해야 하고, 유연하면서도 단호해야 하고, 감성적이면서도 이성적이어야 하거든.

내가 쓴 방법은 어떻게든 친해지는 거였어. 밥도 먹고 술도 먹고, 언니 누나 동생 하며 친해졌어. 잘 모르는 사이라면 무례하고 재수 없어 보이지만, 잘 알게 되면 재미있고 친근하게 느낄 수 있잖아. 진짜 그랬어. 나와 한 번도 술을 안 마신 사람은 있어도 딱 한 번만 마신 사람은 없어. 다행히 나는 사교성이 좋아서 친구를 잘 만들었거든.

그리고 나를 어떻게 알릴까를 고민했어. 어떻게 하면 그 수많은 사진작가 중에서 나를 기억해줄까. 그래서 머리를 오렌지색으로 물들이고 굵은 뿔테안경을 쓰는 방법을 택했어. 시각이 예민한 사람들에게 나를 알려야 하니 시각적으로 튀게 만들어버린 거야. 그렇게 하니 화장이나 머리를 안 해도 잔뜩 꾸민 것 같아서 시간도 많이 절약되더라. 가만 보면 나 같은 전략을 쓰는 사람이 이쪽 계통에는 좀 있는 것 같아.

나는 아직도 세 보인다는 말이 억울할 때가 있어. 나는 전혀 세지 않아. 오히려 사진을 찍고 글을 쓰는, 감수성이 발달한 사람이야. 상처도 잘 받고 눈물도 잘 흘리지. 하지만 사진을 찍는 건 엄청난 에너지를 필요로 해. 시간 낭비가 없도록 스태프를 통솔하고 모델에게 지시하는 등 현장을 잘 이끌어야 해. 어쩔 수 없이 단호해지는 거지. 좋은 사진을 얻기 위해서라면 나는 얼마든지 센 여자가 될 수 있어. 결국 이것도 저것도 다 나인 거야. 다 필요한 내 모습인 거지.

뻔뻔해지기를
두려워 말라

조선희   김중만 선생님 밑에서 어시스턴트를 할 때 잡지 화보 촬영차 안동에 간 적이 있어. 현장에 도착해서 카메라에 300밀리미터 렌즈를 달고 삼각대에 설치하고 있었어. 그때 진행을 맡은 기자가 옆에 와서 렌즈를 들여다보고는 말했어. "카메라를 옆으로 옮기세요." 내가 말했어.

"그걸 왜 기자님이 정하세요? 김중만 선생님이 정하셔야죠."

황당한 표정으로 나를 바라보던 그 기자의 눈빛이 잊히지 않아. 새까맣게 어린 어시스턴트가 클라이언트에게 말대꾸를 했으니 얼마나 기가 찼을까. 그때 그 기자님, 지금 유명 잡지의 편집장이야. 지금도 가끔 나와 술을 마실 때면 그래.

"선희야, 너 그때 정말 어처구니가 없었다."

게다가 나는 뻔뻔하기까지 했어. 어시스턴트라면 누구나 스승으로부터 촬영 기회를 얻어내는 것을 꿈꿀 거야. 다른 어시스턴트들은 입도 벙긋 못하는데, 나는 대놓고 요구했어.

"선생님, 저도 사진 찍게 해주세요."

시키는 대로 하면서 얌전히 기다리면 자기 차례가 온다고들 말하지. 하지만 나는 기다리기보다는 조르고 요구하는 쪽이었어. 잘 찍을 자신 있다, 믿고 맡겨 달라. 계속 졸랐어. 선생님은 황당해하기도 하고, 성급하다며 야단도 치셨지. 하지만 결국 몇 개월 만에 나에게 기회를 주셨어. 《네오룩》이라는 신생 잡지에 실릴 6쪽 짜리 화보를 찍게 된 거야. 내가 조르지 않고 기다렸다면 몇 개월이 몇 년이 되었을지도 몰라.

"욕심을 드러내는 데 거리낌이 없어야 해.
욕심, 그거 전혀 나쁜 거 아니야.
욕심 없는 사람이 어떻게 성공할 수 있겠어?"

1996년에 《이매진》이란 잡지가 창간됐어. 어느 날 편집장님이 "선희야, 이정재 화보를 찍어야 하는데 어떤 포토그래퍼가 잘 찍을 것 같니?"라고 물었어. 나는 망설이지 않고 대답했어.

"제가 잘 찍을 것 같습니다."

편집장님의 황당한 표정. 그리고 침묵. 내가 말했어.

"제가 화보 경험이 많지 않다는 건 알아요. 하지만 모든 사람에게 는 시작이 있지 않나요? 저도 시작이 있어야 두 번째가 있고, 세 번 째가 있잖아요. 편집장님이 저의 시작이 되어주세요."

그렇게 이정재의 사진을 찍을 수 있었지. 그 뻔뻔함이 아니었다면 나의 첫 인물 화보는 한참 뒤로 미뤄졌을 거야. 그리고 이정재가 아 니라 다른 누구의 화보가 되었겠지.

사실 나의 이 뻔뻔함은 중학교 1학년 때부터 시작되었어. 반장, 부 반장 선거가 끝나고 총무를 하고 싶은 사람이 있으면 손을 들라고 하더군. 그래서 내가 손을 들었지. 나 외에는 아무도 손을 들지 않 았어.

나의 뻔뻔함을 뒤에서 욕하는 사람도 많았지만 일에서는 큰 덕을 봤어. 우는 아이 떡 하나 더 준다는 말처럼, 조르는 나를 사람들이 외면하지 못했거든. 사실 나는 그때도 지금도 그게 왜 욕먹을 일인 지 잘 모르겠어. 내가 하고 싶고 또 내가 할 수 있는 일이 눈앞에 놓 여 있을 때 나에게 맡겨달라고 손을 드는 게 잘못된 일인가?

세상은 겸손해야 한다고 가르치지. 묵묵히 열심히 하다 보면 위에 서 다 알아줄 거라고 말하지. 그런데 나는 처음부터 그 말을 믿지 않 았어. 나 자신이 나를 열심히 팔지 않으면 아무도 나를 사려고 하지 않는 시대가 되었거든. 학점이나 토익·토플 성적이 높으면 뭐해. 그건 다들 하는 거잖아. 중요한 건 기회를 잡는 거야. 내가 있다는 걸 알리는 거야. "누가 할래?"라고 물을 때 "제가 할게요, 제가 잘해요!"라고 계속 말해야 해.

욕심을 드러내는 데 거리낌이 없어야 해. 욕심, 그거 전혀 나쁜 거 아니야. 욕심 없는 사람이 어떻게 성공할 수 있겠어? 나는 불교에서 말하는 '원력顧力'을 믿어. 원하는 것을 얻기 위해 노력하는 마음이나 힘을 뜻하는 말인데, 나는 나의 욕심이 원력이었을지 모른다는 생각이 들어. 우리는 모두 원하는 바를 이루기 위해 열심히 살고 있어. 그런 우리들에게는 누가 뭐래도 욕심이 필요해. 그러니 마음을 비우라는 둥 욕심을 없애라는 둥 하는 말에 흔들리지 않았으면 좋겠어.

서수민 그걸 뻔뻔하다고, 욕심이 많다고 표현해야 할까? 적극적이고 의욕이 넘쳤던 건 아닐까? 사실 조선희, 너의 스타일은 욕먹기 딱 좋은 캐릭터야. 네가 나서는 바람에 얌전하게 차례를 기다리던 사람이 기회를 잃어버리는 일이 종종 있으니까. 하지만 이제 세상은 더 이상 가만히 있는 사람을 챙겨주지 않아. 목마른 사람이 적극적으로 자기 우물을 파야 하는 시대지.

어찌 보면 남자들은 예전부터 그렇게 살고 있었어. 그들은 자기 피아르를 하는 데 익숙하고, 낯간지럽게 들리는 자기 자랑도 서슴없이 하고, 상사를 칭찬하고 관계를 챙기는 것에도 적극적이지. 처음 사회생활을 시작할 때는 몇몇 남자들의 이런 습성에 거부감이 들었어. 하지만 조직생활을 오래 해보니 그건 배워야 하는 것이었어. 우리는 겸손, 순종, 기다림 같은 것에 너무 오랫동안 세뇌되어 왔어. 여자가 나서면 안 된다는 관념이 강해서 누군가 알아봐주고 시킬 때까지 기다리는 게 미덕이라고 생각했던 거지. 이제 그런 관념일랑 훌훌 던져버리고 적극적으로 나서야 해. 내 운은 내가 만드는 거야.

버티다 보니
기회가 왔다

서수민 누군가 내게 "KBS에서 20년 동안 제일 잘한 게 뭐야?"라고 묻는다면 딱 하나밖에 떠오르지 않아. 한곳에서 20년을 버틴 것.

사실 버티려고 버텼다기보다는 그냥 있다 보니 버티게 된 거야. 1995년에 입사해서 조연출로 8년. 〈폭소클럽〉으로 입봉했지만 바로 첫아이를 낳았고 곧이어 둘째를 낳았지. 그렇게 어영부영 연출자로서 예능국 생활을 하긴 했지만 뚜렷한 대표작은 없었어. 〈가족오락관〉에 이어 〈비타민〉의 세컨드 PD, 〈충전! 일요일은 101%〉의 코너 PD, 〈스펀지〉의 세컨드 PD 정도가 나한테 돌아오는 기회였어. 아이 둘을 기르는 기동력 떨어지는 아줌마 PD에겐 당연한 일이었지. 그렇게 별 볼 일 없는 입사 15년차 PD가 되고 말았어.

그랬던 내게 기회라는 게 찾아왔어. 바로 2010년에 〈개그콘서트〉

를 맡게 된 거야.

별 볼 일 없던 내게 어떻게 〈개그콘서트〉를 연출할 수 있는 기회가 오게 되었을까? 사실 그해에 종합편성채널이 출범했거든. 보이지 않는 스카우트 전쟁이 벌어지면서 곧 누구는 전화를 받았네, 이적료가 얼마네 하는 소문이 돌기 시작했어. 그러고는 끝까지 KBS에 같이 있을 줄 알았던 사람들이 하나둘 짐을 싸기 시작했어.

나는 남았어. 남고자 해서 남은 게 아니라, 오라는 전화 자체를 못 받은 거지. 밖에서 보기에도 나는 보여준 게 없는 시시한 PD였던 거야.

한바탕 회오리가 지나가고 예능국에 큰 구멍이 뚫렸어. 〈남자의 자격〉, 〈승승장구〉, 〈1박 2일〉, 〈개그콘서트〉 등을 연출하던 소위 예능국의 에이스들이 모두 회사를 그만두었으니까. 완전 비상사태가 벌어진 거지. 일단 조연출을 맡고 있던 후배들이 프로그램을 이어받는 형식으로 급한 불은 껐어. 그런데 〈개그콘서트〉는 일반 예능이 아니고 코미디인지라 맡길 만한 사람이 많지 않았어. 남아 있는 PD들 중에서 선택해야 하는데, 국장님이 고민하다 그나마 1999년 〈개그콘서트〉 시작할 때 조연출이었던 서수민에게 맡기자, 그렇게 결론이 난 거야. 조직의 위기가 내게 행운이 된 거지.

나도 알고 있었어. 무슨 큰 기대를 걸고 나를 중용한 게 아니라는 걸. 게다가 이미 〈개그콘서트〉는 전성기가 지났고, 출연하고 있는 개그맨들 모두 떠날 생각을 하고 있던 때여서 뭔가를 하기 어려운 상태였어. CP 선배도 굉장히 미안해했어. 좋을 때 맡기면 좋았을 텐데, 단물이 다 빠진 상태에서 맡으라고 한 거니까. 그토록 원하던 〈개그콘서트〉가 최악의 시기에, 최악의 상태로 내 손에 들어온 거야. 다 털린 부잣집에 막 시집온 며느리. 딱 그런 느낌이었어.

> *"각자 어떻게 될지는 해봐야 아는 거야.*
> *그러니 포기하지 말고 계속 버틸 수 있어야 해."*

그래서 맡지 말까, 하는 생각도 했었어. 주판알을 튕겨볼 때 내가 〈개그콘서트〉를 맡아서 영광을 누릴 가능성은 거의 없었거든. 간판급 개그맨들은 케이블로 가버렸고, 남은 친구들은 별로 의욕이 없고, 심지어 위에서도 그냥 대충 만들라고 하니, 이렇게 사기가 떨어진 상태에서 뭘 제대로 만들 수 있겠어? 게다가 그 당시 나는 예능국 PD라면 누구나 맡고 싶어 하는 〈뮤직뱅크〉를 연출하고 있었어. 코미디 프로그램의 2인자로만 살다가 잘나가는 가수들로 화려한 쇼를 연출하는 그 어마어마한 〈뮤직뱅크〉를 하게 된 지 불과 6개월밖에 되지 않는데, 하필이면 그때 〈개그콘서트〉로 가라니. 참 얄궂다 싶었지. 안 되겠다, 내일 국장님에게 가서 안 한다고 말씀드려야겠다. 매일 밤 그런 생각을 했어.

그런데 이런 머릿속 갈등과는 달리 마음은 이미 〈개그콘서트〉에 가 있었어. 분명히 그만둘 생각을 하는데, 마음은 계속 개그맨들을 분석하고 코너에 대해 연구하고 있었어. 내가 이렇게 갈팡질팡하니까 보다 못한 남편이 한마디 했어.

"그렇게 하고 싶었던 건데 그냥 해. 이런 기회가 언제 또 오겠어?"

맞아. 이런 기회가 언제 또 오겠어? 〈개그콘서트〉가 여전히 잘나가는 프로그램이었다면 내게 올 리가 없지. 회사에서 그런 프로그램을 왜 나에게 주겠어? 〈개그콘서트〉가 생긴 이후로 10년을 기다렸는데, 고작 이런 이유로 도망친다면 나중에 정말 후회할 것 같았어.

그렇게 〈개그콘서트〉를 맡았고, 다행히 성공적이었어. 6개월 정도 지나 상승세를 타면서 덩달아 나도 아무도 알아주지 않던 PD에서 꽤 알려진 PD가 되었어. 사람들은 내가 〈개그콘서트〉를 살렸다고 말하지만, 아니야. 〈개그콘서트〉가 내 인생을 살렸어.

내가 그때 그 자리에 없었다면 아마 지금의 서수민도 없었을 거야. 그때까지 예능국 PD를 그만둘까 하는 생각을 수도 없이 했는데, 꾸역꾸역 버틴 것이 천만다행이었어.

나뿐 아니야. 방송계나 연예계에서 이런 경우는 꽤 많아. 처음에는 인정받지 못하고 존재감이 없었는데, 10년이 지나고 20년이 지나면서 서서히 수면 위로 떠오르지. 이런 사람들을 보면 성공하는 데에는 재능도 필요하고 운도 필요하지만, 가장 필요한 것은 시간일지도 모른다는 생각이 들어. 시간은 재능을 키워주고 결국에는 운도 가져다주니까. 또한 시간을 통해 우리는 익숙해지고 성숙해지고 간절해져서, 마침내 기회가 왔을 때 보여줄 뭔가를 준비할 수 있어.

대학생들 앞에서 강연을 할 때 이런 말을 많이 하곤 해. 시간이라는 무기를 가지고 버티고 버티면 언젠가는 기회가 온다고. 택시를 기다리는 것과 같아. 택시를 타려고 길가에 서 있으면 기다렸다는 듯이 환상적인 타이밍에 택시가 올 때도 있지만, 대부분은 언제 올지 몰라서 막막해. 여기서 기다리고 있는 게 맞나 싶기도 하고, 영영 안 올 것 같기도 하고. 와도 누군가가 채가기도 하고. 하지만 그래도 기다리면 언젠가는 와. 기회라는 것도 마찬가지야. 기다리면 반드시 와. 대신 내가 어딜 가고 싶어 하는지 행선지가 명확해야 해. 그러니 준비해야 하지.

그러니 지금 당장 인정받지 못한다고 해서 실망하는 사람은 없었으면 좋겠어. 세상에는 수많은 성공 스토리가 있어. 어떤 사람은 재능이 뛰어나서 처음부터 인정받고 잘나가지만, 어떤 사람은 푹 무르익은 다음에 대기만성하기도 해. 각자 어떻게 될지는 해봐야 아는 거야. 그러니 포기하지 말고 계속 버틸 수 있어야 해. 내가 뭘 하려는지 명확하다면 언젠간 그 꿈을 이룰 기회는 반드시 올 거야.

조선희 사진을 시작했을 때 나는 내가 지금처럼 유명해질 거라고는 상상도 하지 못했어. 당시 대중에게 잘 알려진 김중만 선생님과 구본창 선생님 같은 분들을 우러러보긴 했지만, 어휴, 내가 어떻게 그분들처럼 유명해져? 내가 원하는 건 그저 좋아하는 사진을 마음껏 찍으면서 생계도 해결하는 거였어. 한 달에 딱 50만 원만 벌 수 있다면 더 바랄 게 없었지.

그때 김중만 선생님이 나를 불러주지 않았다면 나는 어떻게 했을까? 실망은 했겠지만 좌절하지는 않았을 거야. 그저 내가 할 수 있는 걸 계속했겠지. 웨딩숍에 명함을 돌리고, 다른 사진작가들에게 함께 일하고 싶다고 편지를 보내고, 사진대전에 출품도 하고 그랬을 것 같아. 그래도 안 되면 어디 작은 매체의 사진기자가 되거나 혹은 쇼핑몰 등에서 옷 사진을 찍었겠지. 사진을 찍으며 먹고 살 수만 있다면 나는 뭐라도 했을 거야.

사진에도 여러 종류가 있어. 나처럼 커머셜 사진을 하는 사람도 있고, 순수 예술 사진만 고집하는 사람도 있고. 다큐멘터리 사진, 저널리즘 사진을 하는 사람도 있지. 더 넓게 보면 결혼식, 돌, 백일, 환갑, 고희 등의 행사 사진을 찍는 사람도 있고, 학교를 돌아다니며 졸업앨범을 전문으로 만드는 사람도 있고, 스튜디오를 운영하며 가족이나 연인 사진, 증명사진을 찍는 사람도 있어. 사진을 찍는 일도 그

안을 들여다보면 엄청나게 다양해.

다만 이 분야는 경쟁이 심하고 비용이 많이 들어서 오래 버티기가 힘들어. 직장인이라면 크게 빛을 못 보더라도 꾸역꾸역 다니면서 언젠가 올 기회를 기다릴 수 있지. 하지만 우리 같은 프리랜서 혹은 자영업자 들은 일을 해야만 돈이 들어오기 때문에 일이 없으면 버티고 싶어도 버틸 수가 없어. 그래서 발을 들였다가 2~3년 안에 손을 들고 떠나는 사람들이 상당히 많아. 아무리 사진을 사랑해도 냉혹한 현실에 손을 들 수밖에 없는 거지.

그런데 떠난 사람은 기회를 가질 수 없어. 오직 버텨서 남은 사람에게만 기회가 오는 법이지. 냉소적인 사람이라면 버티는 것도 결국 돈이 있어야 가능한 것 아니냐고 할 거야. 버틸 수 있을 만큼 모아둔 돈이나 부모님의 지원이 있으니까 버틸 수 있는 것 아니냐고. 하지만 오히려 그 반대야. 끝까지 버텨내는 사람은 금수저가 아니라 흙수저야. 우리 같은 촌년들이 훨씬 잘 버텨.

중요한 건 떠나지 않는 거라고 생각해. 일감이 많지 않아서 생계가 힘들더라도, 스튜디오를 차렸다가 망했더라도, 명함도 돌리고 홍보도 하고, 심지어 다른 아르바이트를 하면서라도 계속 기회를 찾아야 하지. 그렇게 버티다 보면 정말 기회가 올 거야.

2장

서툴러도 직진하라

"세상에 실패한 경험이란 없는 거야. 쓸모없는 경험도 없는 거야.

조금 삐끗해도 괜찮아. 어긋나도 괜찮아.

결국 그게 미래에 나의 자산이 될 거야."

돌아갈 길을 만들지 말라

조선희　내 인생에서 가장 행복하고 또 가장 힘들었던 때를 꼽으라면 단연 1998년이야. 유학이 될 줄 알았던 뉴욕행이 두 달간의 여행으로 끝나고, 서울로 돌아온 나는 두 달 만에 스튜디오를 열었어. 물론 쉽진 않았어. 돈이 없었거든. 모아둔 돈을 뉴욕에서 거의 다 쓰고 장비까지 샀으니 남은 돈이 거의 없었어. 대출을 알아봤는데, 내 신용으로는 10원도 빌릴 수 없더라. 하는 수 없이 엄마 이름으로 1000만 원을 빌렸어. 그나마 IMF 외환위기 때문에 문을 닫은 스튜디오가 많아서 예전보다 싼 가격에 꽤 넓은 지하 공간을 빌릴 수 있었어.

다들 날 보고 미쳤다고 했어. 일감이 줄어서 있던 스튜디오도 문을 닫는 판인데, 새로 스튜디오를 열겠다고 했으니 미친 거지. 하지만 그때 나는 절박했어. 스튜디오에 한이 맺혀 있었거든. 사진작가에게 스튜디오는 화가의 캔버스 같은 거야. 캔버스가 있어야 그림을 그릴 수 있잖아. 이전까진 스튜디오를 운영하는 선배들한테 빌려서 찍곤 했는데, 가끔 빌리기로 한 시간에 가보면 조명 장비들이 없거나 아예 문이 닫혀 있는 경우도 있었어. 처음에는 그냥 실수려니 했는데, 자꾸 반복되니까 무슨 뜻인지 알겠더라.

이사, 이직, 창업 등 새로 일을 시작할 때면 갖게 되는 긍정적인 에너지가 있어. 희망에 부풀어서 하늘이 나를 도와줄 것 같고, 내가 하는 일은 다 잘될 것 같은 그런 밑도 끝도 없는 긍정적인 기분에 휩싸이지. 그때 내가 그랬어. 사진 전공자도 아니고, 업계 불청객이라는 여자인데, 그래도 혼자 힘으로 꼬물꼬물 여기까지 왔잖아. 대한민국에서 제일 유명한 김중만 선생님의 제자가 되었고, 유명 잡지에 인물 사진을 찍으면서 조금씩 인정도 받고 있었으니까. 나는 잘될 거야, 지금까지 많이 노력했고 충분히 힘들었으니까 이제부터는 다 잘될 거야. 그렇게 생각했어.

그런데 아니더라. 수중에 있던 돈은 한 달도 안 돼서 다 사라져버렸고, 들어와야 할 돈은 들어오지 않았어. 일이 없던 건 아니야. 그런데 결제를 안 해줘. 이 바닥에 이상한 관례가 있는데, 도무지 계약서를 안 써. 일을 해달라는 전화 한 통, 회의, 그걸로 끝이야. 일을 다 했는데 돈을 안 줘서 물어보면 자기네한테 묻지 말래. 하청업체한테 물어보래. 자기들은 진행만 했을 뿐이고, 나에게 일을 준 건 하청업체라는 거야. 어쩔 땐 하청업체가 또 하청을 준 경우도 있어. 그렇게 중간 대행사에 돈을 떼이면 받아낼 방법이 없어. 그렇게 뜯긴 돈이 나도 한 3000만 원쯤 돼. 이 정도면 양호한 거야.

일은 이번 달에 했는데 결제는 대여섯 달 후에 해줄까 말까이니, 들어오는 돈은 없고 나갈 돈은 쌓이고, 재료비 독촉은 계속 들어오고……. 게다가 그해 겨울은 왜 그리도 추운지.

6개월을 버텼어. 그 와중에 내가 무지 따르던 오빠가 있었는데 금방 갚겠다고 400만 원을 빌려가더니 연락을 끊어버렸어. 내 돈도 아니고 신용카드로 대출받아 준 돈이었는데.

돈을 꿔야겠다고 생각했어. 그 외에는 방법이 없었으니까. 누구한테 부탁할지 종이 한 장에 이름을 적어봤어. 한 스무 명쯤 적었어. 이 중에 한두 명은 내게 돈을 꿔주겠지. 그런데 세 명까지 전화하고 포기했어. 돈 얘기를 꺼내지도 못했는데 본인들 힘든 얘기부터 하니까 차마 입이 떨어지지 않더라.

그날 처음으로 사진을 업으로 삼은 걸 뼈저리게 후회했어. 이렇게 가난하고 추울 줄 알았다면 사진에 발을 들여놓지 않았을 텐데. 지금이라도 때려치울까? 이 바닥을 뜰까? 그러면서 엉엉 울었어.

아마 크리스마스가 다가오는 때라서 더 그랬을 거야. 추위에 약한 나에게 그 스튜디오는 너무 추웠거든. 게다가 연말연시가 되면 마음이 허해지고 별것도 아닌 것에 눈물도 나곤 하잖아. 스물여덟이란 적지 않은 나이에 사랑할 사람도 없고 사랑해주는 사람도 없이, 돈 100만 원이 없어서 꺼이꺼이 우는 내 모습이 너무나 가여웠어. 나는 내가 가여운 게 싫어. 나는 가엽고 싶지 않아.

머릿속으로 스튜디오를 정리하고 사진업계를 떠날 계획을 세워봤어. 보증금을 빼서 밀린 월세와 재료비를 내고 나면 엄마 이름으로 빌린 돈조차 다 갚지 못하겠더군. 야심차게 구입한 사진 장비를 다 팔아버리면 그걸로 좀 벌충이 되려나. 엄마는 실망하겠지. 나를 믿어준 잡지사 에디터들도 실망하겠지. 결국 너도 2~3년 반짝하다 사라지는 그렇고 그런 작가였구나 하겠지. 하지만 나를 깔보고 따돌렸던 사람들은 좋다고 할 거야. 보란 듯이 스튜디오를 열더니 꼴좋다 하면서…….

뭐 그런 건 다 괜찮아. 좀 창피해도 잊히면 그만이니까. 그런데 말이지, 진짜 문제는 내가 돌아갈 데가 없다는 거였어. 내가 사진을 그만두면 뭘 하고 살지? 스무 살 이후로 내 인생에는 사진밖에 없었고, 사진 말고는 좋아하는 것도 할 줄 아는 것도 없잖아? 취직? 나처럼 학점이 엉망인 데다 토익의 '토' 자도 모르는 여자를, 그것도 거친 목소리에 사투리가 심한 여자를 뽑아줄 회사가 있을까?

그때 깨달았어. 돌아가고 싶어도 돌아갈 데가 없다는 것을. 도망치고 싶어도 도망칠 데가 없다는 것을. 어느 한 가지에 꽂혀서 그것만 쫓으며 사는 사람들에겐 이건 저주이자 숙명 같은 거야. 어려서부터 피아노만 친 사람, 그림만 그린 사람, 바둑만 한 사람. 이런 사람들은 자기에게 재능이나 운이 없다는 걸 깨닫기까지 긴 시간이 걸리고, 그걸 깨닫고 나면 돌아갈 데가 없어. 돌아가려고 하면 더 막막해. 그저 욕심을 내려놓고 순순히 걷던 길을 걸어가는 게 나아.

"인생이란 긴 길을 걸어갈 때 한눈팔다
조금씩 미련을 흘리면서 걸어가는 것보다
앞만 보며 달려가는 게 낫지 않을까?"

수민이 네 생각도 잠깐 했어. 네가 부러웠어. 너는 나처럼 하나만 할 줄 아는 아이가 아니잖아. 대학 때 연극반에서 연기도 하고, 그림도 잘 그렸고, 무대 연출도 할 줄 알았지. 심지어 KBS에 합격하기 전에 광고회사에 합격해서 3개월간 일했잖아. KBS로 옮기지 않았다면 너는 카피라이터로도 크게 성공했을 거야. 사진을 찍었더라도, 영화계로 빠졌더라도 잘했을 것 같아. 그런 너에 비하면 나는, 나는 사진밖에 몰라. 사진밖에 못해.

그래서 나는 일어났어. 눈물을 닦았어. 웅크리고 있어봤자 돈 한 푼 생길 리가 없으니까. 우리 둘의 오랜 친구 윤진이에게 전화를 걸었어. 아르바이트를 하며 한의과 대학 입시를 준비하고 있던 그 가난한 친구에게 돈 좀 빌려줄 수 있냐고 묻는데, 진짜 힘들었어. 그런데 윤진이가 선뜻 꿔주겠다고 했어. 적금 들어놓은 게 있는데 깨서 보내주겠대.

나 말이지, 그 돈을 넙죽 받았어. 그 돈으로 월세도 내고 추운 겨울을 버텼어. 그리고 사진을 때려치우겠다던 절망으로부터 차츰 헤어날 수 있었어. 돌이켜보면 참 다행이야. 그때 내가 조금이라도 다른 걸 할 줄 알았다면 정말로 사진을 그만뒀을 테니까. 그랬다면 지금의 조선희도 없었겠지.

선택이라는 게 그런 것 같아. 수많은 옵션 중에서 원하는 걸 선택하는 경우보다 어쩔 수 없이 나에게 주어진 단 하나를 선택하는 경우가 많은 것 같아. 경쟁자가 많아지고, 스펙 싸움이 치열해지고, 레드오션 블루오션 할 것 없이 포화상태가 되어버리면 선택의 여지가 더 좁아지지. 결국엔 타고난 재능을 따라, 원하는 꿈을 따라 그 좁은 길을 가야만 해.

촌스럽지만 나는 아직도 한 우물을 파라는 말을 믿어. 그리고 이것저것 다 잘하는 사람보다 하나만 할 줄 아는 사람들이 더 정이 가고 애틋해. 나를 보는 것 같아서 그런가 봐. 인생이란 긴 길을 걸어갈 때 한눈팔다 조금씩 미련을 흘리면서 걸어가는 것보다 앞만 보며 달려가는 게 낫지 않을까? 그런 인생이라면 적어도 열심히 살지 않았다는 후회는 없을 것 같아.

한때 내 별명은 '동방불패'였어. 한 번도 시험에서 떨어져본 적이 없어서 붙은 별명이었지. 대학 입시도 그랬고, 졸업 후 광고회사도 그랬고, 방송국에도 한 번에 철커덕 붙어서 들어갔어. 내 인생의 기록에 재수, 휴학, 불합격은 없었어. 남들 대학갈 때 대학가고, 회사에 들어가야 할 때 들어가는 것. 능력 있어 보인다고 생각했지.

하지만 나는 그 비결을 알아. 나는 모험을 하지 않았던 거야. 떨어질 만한 곳에는 절대로 지원하지 않았거든. 방송국에 붙은 것? 그것도 머리를 많이 굴렸어. 연극을 했으니 당연히 드라마국에 들어가고 싶었지. 하지만 거긴 들어가기도 어렵고, 남편이 이미 다니고 있어서 포기했어. 라디오국이 딱인데, 거긴 공부 잘하는 여자들이 꽉 잡고 있으니 떨어질 게 빤해서 포기했지. 그래서 예능국으로 지원한 거야. 운도 따라줬어. 그전까지 PD가 되려면 시사상식, 논술 같은 어려운 시험을 봐야 했는데, 그해에는 예능국과 드라마국의 PD를 따로 뽑으면서 음악, 미술, 영화, 연극 등의 시험을 봤거든. 매일 보는 잡지가 《씨네 21》이었으니 그런 거라면 할 수 있을 것 같았어. 그래서 된 거야. 원래대로라면 절대 못 들어갔을 거야.

그래서 내 마음속에는 늘 죄책감 비슷한 감정이 있어. 결정적인 순간에 늘 타협을 하고 비겁한 선택을 했으니까. 모험을 한 적이 없으니까. 그나마 가장 큰 모험이 이번에 KBS를 그만두고 프로덕션으로 옮긴 정도야. 사실 KBS의 투자로 이뤄진 것이라서 모험이라 할 수 있을지 모르겠지만, 그래도 나에겐 어마어마한 모험이야.

나는 선희 너처럼 좋아하는 걸 위해 가난과 추위를 감수할 용기도, 긴 기다림을 인내할 자신도 없었어. 월급쟁이 PD가 된 건 내 인생의 타협이자 전략이었어. 하지만 모로 가도 서울만 가면 된다고 하잖아. 타협과 전략으로 선택한 직업이지만, 이제 방송은 내 인생의 전부가 되어버렸어. 선택의 시점에 나는 순수하지 않았지만, 지금은 순수해. 나도 돌아갈 데가 없고 돌아가고 싶지도 않아. 그래서 이제는 내가 비겁했다는 생각은 더 이상 하지 않아. 뭘 선택하든 그 선택에 책임을 지고 성실히 걸어간다면 그걸로 된 거야. 정말 후회할 일은 비겁했다는 것보다 최선을 다하지 않았다는 것 아닐까?

조금 삐끗해도 괜찮아

서수민   〈가족오락관〉을 끝내고 회사에서 나에게 배정해준 프로그램은 〈스펀지 2.0〉이었어. 물론 메인 PD가 아니라 세컨드 PD였지. 이미 마음을 비우고 있던 터라 나는 나쁘지 않다고 생각했어. 〈스펀지〉는 그 당시 화제의 프로그램이었고, 아이들부터 대학생들에게까지 두루 인기 있는 프로그램이었으니까. 한두 살밖에 안 된 두 아이를 키우면서 일하기에도 딱이라고 생각했어.

그때 같은 팀에 여자 후배가 조연출을 맡고 있었어. 어느 날 회식을 하는데 그 후배가 말했어.

"왜 언니가 이 프로그램의 세컨드 PD로 있는 거예요? 여자 PD가 아이 낳고 복귀하면 다 언니처럼 남이 하는 프로그램에 세컨드 PD가 되는 거예요? 이건 아니잖아요. 저는 창피해요. 지금의 언니가 내 미래 같아서 더 창피해요."

　머리를 망치로 맞은 것 같았어. 나는 그냥 괜찮았는데, 그렇게라도 PD라는 이름을 달고 있어서 좋았는데, 그게 아니라는 걸 깨달은 거지. 후배의 말이 맞았어. 나는 남이 하는 프로그램에 숟가락만 얹고 있는 사람이었어. 후배들이 만들어오는 녹화 필름을 편하게 평가하며, 주말엔 쉬고 저녁은 집에서 아이와 함께 보내는 무임승차 PD였던 거지. 내가 만든 것도 아닌데 '스펀지 PD'라는 소리 듣는 걸 즐기면서…….

　나를 보고 있는 시선이 있다는 걸 그때야 알았어. 예능국 안에 여자 후배들이 열다섯 명에 육박했는데, 모두 나중에 아이 낳고 복귀하면 나처럼 자리 못 잡을까 봐 싫었던 거야. 참담했어. 누군가가 나를 보며 힘을 얻기도 하고 좌절할 수도 있다는 걸 알게 되었어. 나를 보면 창피하다는 후배의 말이 오히려 내겐 자극이 되었어.

　하지만 이미 어긋난 나의 이력을 되돌리기에는 너무 늦었더라. 내가 맡고 싶은 건 여전히 코미디 프로인데 〈폭소클럽〉과 〈개그사냥〉 이후로는 그 분야에서 계속 멀어지기만 했어. 이제 후배들조차도 자신만의 전문 분야를 만들어 정주행하고 있는데, 나는 코미디도 아니고 버라이어티도 아니고 음악 쇼도 아닌, 딱히 전문 분야가 없이 맥락 없는 이력을 만들어가고 있었으니까.

　이듬해 그대로 〈스펀지 2.0〉을 물려받아 메인 PD가 되었어. 그런데 이게 전환점이 되었어. 정보 버라이어티쇼는 지식과 상식이 부족한 나와 전혀 어울리지 않는다고 생각했는데, 이게 의외로 재미있더라. 내가 여자고 또 주부니까, 그런 쪽에서 색다른 아이디어가 많이 나왔어. 다른 사람들이 하던 방식과는 조금 다른 톤으로 생활밀착형 지식을 재미있게 풀어낼 수 있었어. 덕분에 시청률이 잘 나와서 다음 개편 때에 〈뮤직뱅크〉를 맡게 되었어.

〈뮤직뱅크〉는 KBS 내에서는 '꽃 보직'으로 불려. 시청률과는 상관없이 돌아가는 프로그램인 데다가 연예계 인맥을 넓히는 데 이보다 더 좋은 프로그램이 없거든. 톱 가수부터 신인까지 거의 모든 가수들을 알게 되고 기획사와도 가깝게 지내면서 인맥을 넓힐 수 있지. 이게 곧 다른 프로그램을 기획하는 데 자산이 돼.

그렇게 6개월 정도를 걸그룹과 아이돌 들을 상대하며 꿈 같은 나날을 보내고 있었어. 그런데 갑자기 〈개그콘서트〉로 가라는 청천벽력 같은 소리를 듣게 된 거야. 5년 전, 아니 3년 전이었다면 뛸 듯이 기뻐했을 거야. 하지만 그땐 정말 마른하늘에 날벼락이었어. 너무나 오래된 틀, 우려먹을 대로 우려먹어서 나올 게 하나도 없는 상태의 〈개그콘서트〉라니!

그런데 〈개그콘서트〉를 살펴보다가 오래 전 일이 떠올랐어. 〈뮤직뱅크〉를 맡기 한참 전, 그러니까 2005년쯤인가, 〈개그사냥〉을 하고 있을 때야. 〈개그사냥〉은 초저예산의 신인 발굴 코미디 프로그램이었어. 심야 12시 이후에 방송되고 시청률이 2퍼센트 정도 나오는, 그야말로 방송을 한다는 것에 의의를 두는 프로그램이었지. 그때 너무 답답해서 점을 보러 간 적이 있어. 웃지 마, PD들도 다 점 보고 살아. 그때 역술인이 나한테 지금 대운이 들었다고 말하더군. 말도 안 되지. 앞날이 캄캄한 친구들을 데리고 아무도 안 보는 심야 개그 프로그램을 찍고 있는데, 암흑기의 정점을 찍고 있는데, 대운이라니?

한숨이 나왔어. 괜히 복비만 날렸구나 투덜거리며 나오려는데, 역술인이 그랬어. 지금 같이 일하는 젊은 친구들이 나중에 나한테 큰 밑거름이 될 거라고.

응? 저 깜깜한 친구들이? 별로 와 닿지는 않았지만, 그래도 위로는 되더라. 뭐라도 된다는 얘기구나, 희망은 있네. 이후로 이 일에 대해서는 깡그리 잊고 살았어.

그런데 〈개그콘서트〉를 들여다보니 그때 〈개그사냥〉에서 같이 일했던 친구들이 다 거기에 있는 거야. 권재관, 김기열, 조윤호, 이광섭, 정범균, 최효종, 송준근, 김민경, 김지민 등등. 〈개그사냥〉 때만 해도 모두들 한 치 앞날을 내다볼 수 없는 답 없는 청춘들이었는데, KBS 개그맨 공채 시험에 합격해서 어엿한 개그맨이 되어 있었어.

역술인의 말이 맞았어. 이 친구들이 정말로 나의 밑거름이 되었어. 인연이라는 건 정말 무서운 거야. 6년 만에 다시 만났는데 그때 뭘 했는지 다 기억이 났어. 이 친구는 이런 개그가 어울리고, 이 친구는 이런 걸로 웃겼고. 그런 게 다 기억이 나면서 새로운 코너 개발에 수월하게 접근할 수 있었어. 〈개그사냥〉을 할 때 그들도 〈개그콘서트〉를 꿈꿨고 나도 〈개그콘서트〉를 꿈꿨는데, 다시 만나 그 꿈을 이루고 있다는 게 매우 신기했어.

> "세상에 실패한 경험이란 없는 거야. 쓸모없는 경험도 없는 거야.
>
> 조금 삐끗해도 괜찮아. 어긋나도 괜찮아.
>
> 결국 그게 미래에 나의 자산이 될 거야."

이때부터 하나씩 맞아 떨어지기 시작했어. 마치 퍼즐 조각이 모여 그림이 되는 것처럼 내가 그동안 해왔던 경험이 하나하나 다 모여 큰 그림을 만들기 시작했어.

우선 내가 대학 시절 연극을 했던 경험이 코미디극을 연출하는 데 굉장히 도움이 됐어. 내가 몸담았던 연세대 극예술연구회는 연극을 정말 진지하고 강도 높게 가르쳤어. 학생 동아리 수준이 아니라 역사 깊은 하나의 예술집단이었지. 매일 발성, 대본 읽기, 호흡, 신체 훈련을 하고 연극 이론, 무대에서의 자세 등을 혹독하게 가르쳤어.

그 덕분에 내 눈에 개그맨들의 무엇을 고쳐야 할지 보였어. 누구는 발성이 부족하고, 누구는 발음이 아쉽고, 누구는 동작이 부자연스럽고. 그래서 호흡법, 발성법을 제안하고 무대 위에서 그에 맞는 배역을 연기하도록 했어. 때론 단점이었던 것들이 개성으로 빛나기도 했어.

6개월밖에 하지 않았던 〈뮤직뱅크〉도 대단히 도움이 되었어. 생방송 음악 쇼를 해본 경험과 기획사들과 쌓은 인맥이 후에 게스트를 섭외하는 데 도움이 되었어.

나는 내가 입사 후 해왔던 프로그램들이 다 내 것이 아니라고 생각했고, 맥락 없이 흩어지고 단절돼 있다고 생각했어. 그런데 놀랍게도 〈개그콘서트〉에 와서 그것들이 하나로 융합됐어. 〈폭소클럽〉, 〈개그사냥〉, 〈가족오락관〉, 〈스펀지 2.0〉, 〈뮤직뱅크〉까지. 부질없다 생각한 그 시절의 노력들이 하나로 합쳐져서 어느새 내 자산이 되어 있었던 거야.

이후로 가치관이 바뀌었어. 그 전까지는 인생이 올라가는 계단이라고 생각했어. 한 계단 한 계단 순서대로 올라가는 게 성공적인 인생이라고 생각했어.

그런데 이제는 아니야. 우리는 때로는 제자리걸음을 할 수도 있고, 때로는 한두 계단 내려올 수도 있어. 어쩌면 발을 헛디뎌서 굴러 떨어질 수도 있어. 떨어지면 엄청 아프고 힘들지만, 사실 이건 중요하지 않아. 떨어지더라도 다시 올라가는 것, 올라가려는 의지를 잃지 않는 것. 이게 가장 중요해. 그렇게 올라가야, 내가 넘어겼던 그 자리에서 올려다보았던 그 계단의 끝이 비로소 목표가 되는 거지.

그 힘으로 더 앞으로 나아가게 되는 거라고 생각해.

이런 의미에서 볼 때 세상에 실패한 경험이란 없는 거야. 쓸모없는 경험도 없는 거야. 그러니 우리는 제자리에서 지금 내게 주어진 일을 성실하게 하면 돼. 차곡차곡 하다 보면 언젠가는 그 하찮고 부질없다 생각한 일이 내 인생에 큰 도움을 줄 거야.

예전에 내가 협상 자리에서 만난 어느 기획사 매니저가 있어. 서로 양보하지 않으면서 내가 죽나, 같이 죽나, 그런 분위기로 미팅을 하고 있었지. 그런데 그분이 한 얘기가 인상적이었어. 본인의 전직은 권투선수래. 남들은 의외라고 하지만, 권투선수였기에 매니지먼트 사업을 잘할 수 있다고 하더군.

"왜냐면 난 협상을 잘하거든요. 나는 늘 이깁니다."

어떻게 이기냐고 물었더니 답이 명쾌했어.

"나는 복서였기 때문에 상대를 때리기만 하려고 팔을 뻗지 않아요. 나도 맞을 각오로 팔을 뻗지요. 맞지 않고 이길 수는 없어요. 맞지 않고 때리려고만 하는 사람이야말로 가장 쉬운 상대지요."

나는 아주 조금 헤맨 것뿐인데, 뭐 그리 걱정이 많았을까? 결국은 다 내가 한 일이고 다 내 것이었는데, 왜 그렇게 받아들이지 못했을까? 조금 삐끗해도 괜찮아. 어긋나도 괜찮아. 결국 그게 미래에 나의 자산이 될 거야.

조선희 인생에서 맥락을 따져야 한다면, 우리는 첫 단추부터 잘못되었다고 말할 수 있어. 우리가 의상학과에 들어간 것이야말로 정말 터무니없는 선택이었으니까. 하지만 우리는 거기서 사람을 만났고, 평생 좋아할 수 있는 일을 찾았고, 재능을 발견했어. 옷을 배우기 위해 들어간 대학에서 사진을 만났으니 그거야말로 내 인생 최고의 세렌디피티serendipity, 뜻밖의 발견이 아닐까?

가끔 삶이 숨겨둔 재미있는 우연에 깜짝 놀랄 때가 많아. 취업을 앞두고 암울했던 시절, 이화여대 후문에 있는 '빵'이라는 락카페에 자주 간 것 기억나? 서수민, 너희 연극반 선배가 하는 카페라 맥주 한 잔 시켜놓고 죽치고 앉아서 신세 한탄을 하기 딱이었지. 하루는 너무 일찍 갔는지 문이 닫혀 있었어. 어쩔까, 딴 데 갈까, 기다릴까 하고 있는데 먼저 와서 기다리고 있던 남학생이 우리에게 말을 걸었어. 자기도 벌써 30분이나 기다렸는데 감감무소식이라고. 이런저런 이야기를 나누다가 우리는 옆에 있는 식당에 가서 본격적으로 수다를 떨기로 했어.

셋이 1200원짜리 김치볶음밥을 시켜놓고 이야기를 나눴어. 그는 학생이 아니라 이미 졸업을 했대. 정치외교학과를 나왔고 지금은 영화감독을 준비 중이랬어. 이야기는 어느덧 신세 한탄으로 흘렀지. 서수민은 연극만 하다가 이제야 취업 준비를 하려니 신문방송학과

복수전공부터 해야 할 판이라고 그러고, 나는 사진하면서 먹고살려는데 앞날이 깜깜하다고 푸념하고.

웃기는 건 그때 그와 내가 서로를 북돋고 위로했다는 거야. 그는 나의 사진을 보고 "훌륭한 사진작가가 될 거예요"라고 했고, 나는 그의 시나리오를 들으며 "훌륭한 영화감독이 될 거예요"라고 했지. 서수민은 가운데 앉아서 '둘이 잘 노네' 하는 표정을 짓고 있었고.

그때 그 청년이 바로 탕웨이의 남자, 김태용 감독이잖아. 사실 그가 〈여고괴담 2〉로 데뷔하고 텔레비전에 출연할 때만 해도 그때 그 청년이란 걸 전혀 몰랐어. 그러다가 어느 날 탕웨이가 한국인 영화감독과 열애 중이라는 뉴스가 떴는데, 낯익은 얼굴에 옛 기억이 확 떠올랐어.

얼마 후 탕웨이의 사진을 찍게 됐어. 그때 그녀는 쏟아지는 관심 때문인지 매우 예민한 상태였어. 방송 인터뷰 요청도 딱 잘라 거절하고, 심지어 스태프들도 필요한 인원만 남고 나가달라고 요구했어. 그렇게 경직된 상태에서 좋은 사진이 나올 리 없잖아. 그래서 최대한 그녀의 마음을 풀어주기 위해 노력했어. 굿, 굿, 뷰티풀을 연발하며 그녀에게 자신감을 불어넣었지. 그리고 막간에 서로 대화를 나눴어. 당신의 약혼자와 한 번 만난 적이 있다, 같은 대학교를 나왔고 한 번 같이 술을 마셨다. 이 말에 탕웨이의 얼굴이 활짝 피었어. 그리고 김태용 감독이 촬영장에 왔어. 그도 나를 기억하더군. 덕분에 남은 촬영은 한결 편한 분위기에서 할 수 있었어.

이처럼 우리가 그동안 쌓아온 인연이나 모든 경험이 알게 모르게 반드시 도움이 된다고 나는 믿어. 영화는 엑기스만 편집해서 보여주지만 인생은 편집 없이 흘러가는 대로 보여주지. 우리 인생도 편집할 수 있다면 영화 못지않게 흥미진진하고 암시와 상징이 흘러넘칠 거야. 너무 길고 느려서 깨닫지 못할 뿐 우리 인생도 구성이 잘 짜인 탄탄한 스토리임이 분명해.

그러니 지금 할 수 있는 일을 열심히 해야 해. 거창한 계획이나 목표를 세워놓고 거기서 조금이라도 어긋나면 실패라고 생각하는 짓도 그만해야지. 행여 나락으로 떨어졌다 할지라도 다시 추스르고 거기서부터 할 수 있는 일을 하면 되는 거야. 꿈틀꿈틀, 꼬물꼬물 계속 움직이자.

본능에 충실하라

조선희 편집장님을 졸라서 이정재의 화보를 맡게 되었을 때, 나는 내가 얼마를 받는지, 이문을 남기려면 경비와 재료비를 어느 정도 써야 하는지, 이런 생각을 전혀 안 했어. 그저 좋아서 잘 찍고 싶은 마음뿐이었어. 당시 사진료가 컷당 10만 원. 잡지 화보는 보통 6쪽으로 구성되니까 다 합쳐봐야 60만 원밖에 안 되는 프로젝트였지. 인건비를 뽑으려면 재료비를 20~30만 원 수준으로 아껴야 했지만, 나는 이런 계산을 할 줄 몰랐어.

사진의 콘셉트, 촬영 장소 등을 논의하기 위해 매니저를 네 번이나 찾아갔어. 그때 이정재 매니저가 디자이너 하용수 선생이었는데, 무슨 사진작가가 화보 하나 찍는데 네 번이나 찾아오나 의아했을 거야. 촬영 장소를 인천의 부둣가, 차이나타운 등지로 정하고는 헌팅을 세 번 나갔어. 며칠 동안 잠도 못 자고 온통 촬영 생각만 했어. 심지어 꿈에서도 셔터를 눌러대느라 아침에 일어나면 어깨가 아플 지경이었지.

마침내 그날이 왔어. 아침 7시부터 준비해서 9시쯤부터 셔터를 누르기 시작했어. 시간이 어떻게 흐르는지, 구경꾼이 얼마나 몰려드는지 아무 감각이 없었어. 그저 나의 피사체에 빠져서 정신없이 셔터를 눌러댔지. 내가 땅바닥에 엎드리고, 바닷물에 들어가고, 거의 정신 나간 사람처럼 사진을 찍었다는 걸 나중에 스태프에게 듣고 나서야 알았어. 구경꾼들도 처음에는 이정재를 구경하려고 몰려들었는데, 나중에는 나를 더 신기하게 구경했대. 무슨 행위예술가처럼 보였나 봐.

집에 돌아와서야 알았어. 내가 필름을 30롤이나 소모했다는 걸. 롤 하나에 36컷이니 거의 1000컷 넘게 찍은 거야. 인화비까지 따지면 재료비로만 50만 원 넘게 쓴 거지. 여기에 매니저를 만나고 장소를 섭외하는 데 드는 차비까지, 도대체 나 무슨 짓을 한 거야?

하지만 촬영이 끝나고 꼬박 사흘을 앓으면서 내가 생각한 것은 단 하나야. 아, 좀 더 잘 찍을 수 있었는데, 이렇게도 찍었어야 했는데, 저렇게도 찍어봐야 했는데. 아쉬운 마음만 가득했어. 아, 이정재. 나의 아름다운 피사체. 그를 다시 찍을 날이 언제 또 올까? 너무 안타까워서 눈물이 날 지경이었어.

다시 어시스턴트의 일상으로 돌아갔어. 한 석 달쯤 지났나, 한 잡지사로부터 연락이 왔어. 이정재 화보가 정말 좋았다며 포트폴리오를 가지고 방문해달래. 부랴부랴 달려갔지. 기자 한 분이 내 사진을 꼼꼼히 훑더니 "너, 사진 정말 독특하다"라고 했어. 다음 날부터 그 기자를 따라다니며 수많은 사람의 인터뷰 사진을 찍었어. 그분이 바로 1990년대 최고의 감성 인터뷰어로 유명했던 이충걸 씨야. 지금은 《지큐GQ》의 편집장이지.

순식간에 나는 인물 사진을 잘 찍는 작가로 잡지계에 소문이 났어. 그때 정말 많은 사람의 사진을 찍었다. 최진실, 안성기, 박중훈, 한석규 등 톱스타에서부터 백남준, 정경화, 공지영 등 예술가들까지. 김수현 작가와 서정주 시인도 만날 수 있었어.

이영애의 사진도 그렇게 알려져서 찍을 수 있었던 거야. 이영애가 아프리카에 가서 기아 체험을 하는데, 거기 따라가서 광고에 쓸 사진 몇 컷을 찍어 와달라고 친한 오빠가 부탁을 했어. 아마 다른 사진 작가라면 이 일을 맡지 않았을 거야. 돈도 얼마 안 되고, 에티오피아까지 가야 하니 들여야 하는 시간도 만만치 않았거든. 하지만 나는 신이 났어. 이영애를 꼭 찍고 싶었으니까.

방송 팀은 먼저 떠나고 나는 나중에 합류하기로 했어. 혼자서 비행기를 세 번 갈아타고 장장 24시간이 걸려서 겨우 약속 장소인 아디스아바바의 호텔에 도착했지. 그런데 아무도 없었어. 프런트 직원에게 코리안 팀 못 봤느냐, 여기서 만나기로 약속이 돼 있다 물었더니, 머리털 나고 코리안을 보는 건 내가 처음이래. 지금처럼 휴대전화 로밍이 되던 시절도 아니니 연락할 방법도 없고, 돌아갈 수도 없고. 정말 난감했어.

도저히 안 되겠다 싶어서 밖으로 나갔어. 아프리카에서 제일 크다는 아디스아바바 시장에 가서 사진을 찍었지. 동양 여자가 커다란 카메라를 메고 범상치 않은 자세로 사진을 찍어대니 사람들이 다 쳐다봤어. 나중에야 알았어. 그런 데서 카메라를 내놓고 다니다간 강도를 당하거나 심지어 납치당해 시체로 발견될 수도 있다는 걸.

다음 날은 벨보이에게 10달러를 주면서 가이드를 소개해달라고 부탁했어. 곧 택시 운전을 한다는 사람이 나를 데리러 왔어. 몇 군데 다니면서 구경하는데, 갑자기 경찰차가 막아섰어. 아마 가이드가 교통법규를 위반했나 봐. 그대로 경찰서에 끌려가니 흑인 수십 명이 총을 들고 웃통을 벗고 앉아 있었어. 너무 무서웠어. 여기서 죽는 건 아닐까 식은땀을 뻘뻘 흘리고 있는데, 가이드가 100달러를 주면 빨리 나갈 수 있다고 속삭였어. 그 100달러가 벌금인지 뇌물인지, 아니면 가이드가 날 속여서 뜯어낸 돈인지는 아직도 모르겠어. 아무튼 100달러를 주고 거길 나올 수 있었어.

안도의 한숨을 쉬며 호텔로 들어오는데, 프런트 앞에 어디서 많이 본 아름다운 단발의 여인이 서 있었어. "영애야!" 하는 소리에 그녀가 돌아보는데, 진짜 이영애였어. 너무 반가워서 눈물을 왈칵 쏟았어. 그런데 이미 모든 촬영을 끝내고 왔더라고. 난 더 서러웠지. 보다 못한 PD가 가까운 데 비슷한 곳이 있다며 안내해줬어. 그러면서 시간이 별로 없대. 내게 주어진 기간은 원래 5박 6일이었는데 순식간에 두 시간 남짓으로 줄어버린 거야.

급하게 몇 컷을 찍었어. 그중에 한 컷이 광고 사진으로 제작되었어. 이영애가 하얀 티에 청바지를 입고 아프리카 아이들과 손을 잡고 걸어가는 사진이었어. 측면에서 잡은 앵글에 신이 난 아이들의 옆모습이 아웃포커스로 보이고, 중앙에 이영애가 카메라 쪽으로 얼굴을 돌리며 바람에 나부끼는 머리카락 사이로 환히 웃고 있었어. 걸어가는 이영애를 쫓아가며 찍은 거라 사진이 흔들리고 초점도 맞지 않았지만, 이영애의 진심 가득한 미모가 고스란히 드러나는 사진이었어.

나는 한동안 이 사진을 볼 때마다 심장이 아프고 두근거렸어. 아프리카 낯선 도시에서 혼자 보낸 시간의 외로움과 공포가 이 한 장의 아름다운 사진으로 다 치유된 기분이었으니까. 이 사진은 내게 아주 특별해. 지금까지 찍은 사진 중에서 가장 인상 깊은 사진을 꼽으라면 나는 단연 이 사진을 꼽을 거야.

그런데 이 사진을 더 특별하게 만든 사건이 일어났어. 어느 날 전화가 왔어. 모 패션 브랜드인데 내게 광고 사진을 의뢰하겠다는 거야. 어떻게 알고 연락을 했느냐고 물었더니 "이영애 씨의 아프리카 사진을 보고 연락드렸습니다" 하는 거야. 이 업체가 바로 지오다노야. 그때부터 지금까지 무려 16년간 계속 같이 작업하고 있어. 아프리카까지 가서 맘고생하며 찍은 이영애의 사진이 나를 광고의 세계로 인도해줬어.

"나는 나의 용기에 감사해.
앞뒤 안 가리고 뛰어드는 무모함에 감사해.
사진에 관한 한 나는 머리를 굴린 적이 없어."

이정재의 사진을 찍고 나서 인물 사진을 잘 찍는 작가로 발돋움한 것처럼, 나는 이영애의 사진 덕분에 광고 사진 작가로 발돋움할 수 있었어. 머지않아 나는 대한민국에서 잘나가는 사진작가가 되었어. 컷당 10~15만 원 하는 사진을 열심히 찍었을 뿐인데, 갑자기 훌쩍 커버린 거야.

나는 나의 용기에 감사해. 앞뒤 안 가리고 뛰어드는 무모함에 감사해. 내가 재료비를 계산하고 소요되는 노동과 시간을 걱정하는 사람이었다면, 그렇게 열심히 찍지 못했을 거야. 사진에 관한 한 나는 머리를 굴린 적이 없어. 10만 원 받으니까 10만 원어치만 일하자고 생각한다거나 100만 원 받는 일과 1000만 원 받는 일을 차별한 적이 결코 없어. 나에게 사진은 언제나 100퍼센트야. 어떤 사진을 찍건 나를 100퍼센트 던져서 찍어. 이것만큼은 자신 있게 말할 수 있어.

지금은 광고 사진, 영화나 드라마 등의 포스터를 주로 찍지만 잡지 화보도 여전히 찍고 있어. 잡지는 세상에 나를 처음 알려준 매체이기 때문에 그 고마움을 잊을 수 없어. 또 새로운 아이디어와 트렌드를 가장 빠르게 흡수하고 선도하는 매체라 작업을 하면서 많이 배워. 새로운 시도도 할 수 있고 예술적인 면도 많이 배우지. 또 젊은 배우나 신인 모델 들과 함께 작업하면서 많은 영감과 에너지를 얻어. 그래서 컷당 15만 원을 받더라도 잡지 스케줄을 우선시하고 있어.

어느 분야든 누군가 사회에 발을 막 내디뎠을 때 떨어지는 일이란 힘들고 어렵고 그러면서도 돈은 얼마 안 되는, 그런 일이 대부분일 거야. 여기에는 지나친 경쟁, 불합리한 고용 등 구조적인 문제가 있다는 걸 나도 잘 알아. 이 문제를 해결하기 위해 시민으로서 투표를 하고 목소리를 높이는 것도 반드시 해야 할 일이지. 이것과는 별개로 원하는 일이라면 물불을 가리지 말고 뛰어들어야 하고, 얼마가 주어지든 최선을 다해야 한다고 생각해. 손해를 보더라도, 누가 알아주지 않더라도 자신의 능력을 100퍼센트 쏟아야 해. 그렇게 하다 보면 마침내 누군가는 나를 알아봐 줄 거야. 이런 내 생각이 너무 순진한가?

서수민　사실 나는 성공신화 같은 스토리를 별로 좋아하지는 않아. 수많은 자기계발서들이 똑같이 하는 얘기이고, 기성세대가 귀에 못이 박히도록 해온 말이니까. 뭐든 최선을 다하면 성공할 수 있다는 말. 그게 누군가에게는 굉장히 잔인한 말이 될 수도 있다고 생각해. 그게 사실이라면 성공하지 못한 수많은 사람은 자동으로 최선을 다하지 않은 사람이 되어버리거든. 그들이 성공하지 못한 것이 정말로 최선을 다하지 않았기 때문일까? 최선을 다했지만 재능이 부족해서 혹은 경쟁에 밀려서 혹은 그저 운이 없어서 성공하지 못한 것일 수도 있잖아?

그럼에도 나는 최선을 다해야 한다는 말에 동감해. 최선을 다하면 반드시 성공한다는 말이 잔인하긴 하지만, 최선을 다해도 성공하지 못할 수 있다는 말보다는 덜 잔인하거든. 앞의 말이 판타지라면 뒤의 말은 현실이지. 판타지와 현실, 둘 중에 하나를 선택해야 한다면 나는 판타지를 선택하겠어.

나의 두 딸에게도 잔인한 현실보다는 덜 잔인한 판타지를 들려주고 싶어. 호기심과 희망으로 가득 찬 두 딸에게 너희들도 최선을 다해서 노력하면 성공할 수 있다고 말해주고 싶어. 현실이 매정할수록 우리에겐 판타지가 필요하니까. 그 판타지가 결국은 현실이 될 수도 있는 거니까.

실패했다, 성공했다. 이런 건 중요하지 않은 것 같아. 이건 과정일 뿐 결과가 아니잖아. 인생을 어떻게 알아? 어떻게 지금은 성공한 거고 그땐 실패한 것이라 말할 수 있지? 성공한다고 인생이 거기서 끝나는 것이 아니고, 또 실패했다고 그다음이 없는 게 아니잖아. 우린 지금 다 같이 어디론가 가고 있는 거잖아. 길 위에 있는 거야. 그러니 매 순간 열심히 사는 것만이 답인 것 같아.

어찌 알았겠니? 1990년 초, 신촌 한구석에서 참 못생기고 돈도 없고 공부도 못했던 우리가 이렇게 서울 한복판에서 결혼도 하고 아이도 낳고 멀쩡히 살리란 걸. 난 아직도 네가 사진작가가 된 것, 내가 방송 PD가 된 것이 신기해. 게다가 이게 엔딩이 아니라는 것도.

당당했기에
싸울 수 있었다

서수민　2010년 〈개그콘서트〉를 맡으라는 제안을 받았을 때 〈뮤직뱅크〉 연출을 내려놓아야 한다는 게 맘에 걸렸어. 지금 생각하면 별것 아닌데, 그땐 참 심각했지.

여러 가수의 활동에 〈뮤직뱅크〉는 상당히 중요한 위치를 차지하고 있어. 기획사들은 〈뮤직뱅크〉의 순위가 곧 음원의 성패를 얘기해주는 것이라 생각해. 그래서 신인 가수와 〈뮤직뱅크〉 PD와의 관계에 공을 들이지. 그러니 PD는 무대 위 그림만 연출하는 것이 아니라 정글 같은 엔터테인먼트계의 조율자 역할까지 해야 해.

나도 〈뮤직뱅크〉로 옮긴 후 잠시 당황했어. 그 전에는 어떤 프로그램이건 가수 섭외가 너무 힘들었거든. 그런데 여기는 가만히 앉아 있어도 가수와 매니저들이 먼저 와서 인사를 해. 다른 방송에서는 감히 섭외조차 할 수 없는 톱 가수도 여기서는 섭외가 잘돼. 진짜 신기했어.

매일같이 책상 위에 산더미처럼 쌓이는 신인 가수의 음반, 인사를 건네는 매니저, 밥을 먹자고 하는 기획사 관계자 등 몇 번 당황스러운 순간을 겪었어. 왜 나에게 이렇게 친절하지? 나는 타인의 친절에 익숙하지 않아서 그런 상황이 불편하기만 했어.

그러던 중 좀 억울한 일을 겪었어. 〈뮤직뱅크〉 방송 중 오디오 사고가 났는데, 1등을 한 가수가 무대 멘트에서 그에 대해 불만을 표시했어. 〈뮤직뱅크〉는 두 명의 PD가 격주로 연출하는 시스템이라서 그 회는 내가 연출한 회가 아니었어. 아무튼 나는 사무실에서 방송을 지켜보며 '아, 저 가수 좀 억울했겠다. 한동안 게시판이 좀 시끄럽겠네' 하고 생각했지. 그리고 게시판을 들여다봤어. 기막힌 글들이 올라오기 시작했어. 그 가수가 걸그룹에 속해 있었거든. 어떤 네티즌이 이렇게 썼어.

"여기 담당 PD가 서수민이라는 여자다. 내가 현장에서 봤다. 그 여자가 우리 가수에게 욕을 했다. 걸그룹을 탄압하려고 일부러 오디오 사고를 냈다. 여자 가수들을 강압적으로 대하는 걸 현장에서 똑똑히 목격했다."

황당해서 그냥 웃었어. 난 현장에 있지도 않았고, 엔딩 크레디트만 봐도 내가 연출이 아니었다는 사실을 알 수 있을 테니까. 하지만 삽시간에 일이 커져버렸어. 내 트위터에 있는 글과 사진들이 캡처되어 돌아다니기 시작했어.

"이 여자 봐라, 보이그룹 빠다. 사진 봐라, 골룸 같다. 자기가 이렇게 생겼으니 걸그룹을 괴롭힌다."

이런 내용도 있었어. 생방송 현장에 있었던 다른 여자 스태프의 사진을 올리고는 "이 여자가 서수민이다"라는 글까지 올라왔어.

'신상이 털린다'는 게 이런 거구나 싶더라. 불과 몇 시간 만에 나는 대한민국 유명 걸그룹의 리더인 여자 가수를 스스로의 외모 콤플렉스 때문에 괴롭히고, 방송에서 음향사고까지 일부러 낸, 성차별주의자 PD가 되어버렸어.

어느새 서수민을 〈뮤직뱅크〉에서 끌어내리는 것이 그 팬들의 집단 목표가 되어 있었어. 〈뮤직뱅크〉 게시판은 물론이고 방송통신위원회 게시판, KBS 감사실 연락처, 예능국장실 전화번호 등을 링크하며 항의해서 서수민을 끌어내리자는, '서수민 퇴진'에 동참하라는 글들이 게시판을 가득 메웠어.

현장에 있지도 않은 내가 이런 일을 당해야 하다니. 억울했지. 공식적인 입장 표명이라도 하고 싶었지만, 그것도 어려운 일이었어. 내가 연출한 게 아니라고 말하는 순간 또 다른 연출자가 내가 당한 테러를 고스란히 당하게 될 테니까.

이 시기에 〈뮤직뱅크〉를 그만두고 〈개그콘서트〉로 가라는 이야기를 들은 거야. 걱정이 됐어. 〈뮤직뱅크〉는 한번 맡으면 보통 1년은 하는 자리야. 그런데 겨우 6개월 만에 〈개그콘서트〉로 옮기면 사람들이 뭐라고 할까. 게다가 이런 억울한 일을 당한 직후라 뒷말이 더 날 것 같았어.

그래서 국장님에게 순순히는 못 가겠다, 각서를 써달라고 말했어.

"피치 못한 사정으로 서수민이 〈개그콘서트〉를 갑자기 맡게 된 바, 1년 후에 본인이 원할 시에는 다시 〈뮤직뱅크〉 연출로 돌아올 수 있음을 보장함. 이렇게 쓰고 도장 찍읍시다."

"어, 어? 그래, 그러자."

그걸로 끝나면 안 되지. 담당 CP 선배를 불러서 증인을 서게 하고 공증까지 받았어. 의외로 모두들 쉽게 응해주셨어. 각서의 뒷면엔 1년 후 예능국장이 바뀔 수도 있으니 이 각서는 예능국장이 바뀌어도 유효하다, 뭐 그런 문구까지 추가했어.

상사에게 각서를 쓰게 하고 도장까지 찍게 하다니, 나는 참 유별났던 것 같아. 하지만 나는 개편 시기도 아닌데 갑작스레 〈뮤직뱅크〉에서 잘리듯이 나가는 모양새가 싫었어. 여긴 말이 말을 낳는 곳이니까. 내가 불명예로 이동하는 게 아니란 사실을 모든 사람이 알아주길 바랐어. 지금 생각하면 참 부질없어. 지나서 생각해보니 아무것도 아닌 일에 왜 그리 집착했는지 모르겠어.

"적어도 나쁜 사람이라는 소리를 듣지 말자는 것.

내 이름에 흠이 될 행동은 하지 말자는 것.

그게 나의 자존심이자 당당함의 근원이니까."

아마도 나는 당당함이라는 게 굉장히 중요했나 봐. 비록 내가 성질이 더럽다는 걸 온 세상이 알지만, 적어도 뒤에서 떳떳하지 않은 짓을 했다는 오해는 받고 싶지 않았어. 지금이야 오해는 어차피 시간이 지나면 풀리게 마련이고, 일일이 해명하며 바로잡을 수 없다는 걸 알지만, 그때는 그게 중요했어. 당당하고 떳떳한 것. 그게 내가 싸울 힘이었으니까.

만약 지금 비슷한 일이 벌어진다면 그때처럼 날을 세우지는 않을 거야. 하지만 원칙은 같아. 성격이 나쁘다는 소리를 들을지언정 적어도 나쁜 사람이라는 소리를 듣지 말자는 것. 내 이름에 흠이 될 행동은 하지 말자는 것. 그게 나의 자존심이자 당당함의 근원이니까.

조선희 나도 비슷한 경험이 있어. 사진을 전공한다는 어느 학생이 나에게 악성댓글을 단 적이 있어. 조선희는 연예인 프로필 나부랭이나 찍는 여자다, 동네 사진관에 걸려 있는 사진보다도 못한 사진을 찍는다는 무지막지한 글이었어. 너무 모욕적이라 참을 수가 없었어. 누군지 알아내서 전화를 걸어 왜 그런 글을 썼는지 자신의 이름과 신분을 밝히고 당당히 얘기하면 수긍하겠다고 말했어. 그랬더니 자기도 왜 그런 글을 썼는지 모르겠다며 울더라. 맥이 탁 풀렸어. 그냥 아무 생각 없이 자신의 분노 혹은 자격지심을 내뱉었던 것뿐이야.

또 있다. 〈도전 슈퍼모델 코리아〉에 심사위원으로 출연했을 때야. 화보 촬영과 심사를 같이 했는데, 도전자들을 혼내는 모습이 화면에 많이 나왔어. 실제로는 칭찬도 많이 했는데, 방송에서는 혼내는 것만 강조되어 나왔더라고. 아마 다른 심사위원들의 발언이 칭찬 위주이다 보니 제작진이 재미를 주기 위해 나를 더 냉혹한 캐릭터로 몰고 간 것 같아. 내가 봐도 정말 무섭게 나오더라.

어떤 블로거가 이걸 가지고 문제 삼았어. 인터넷에 내가 신민아를 찍은 화보 촬영 장면이 비디오로 공개돼 있었는데, 그것과 비교하면서 나를 힘없는 신인 모델에게는 강하게 군림하고 연예인들 앞에서는 납작 엎드려서 아부하는 사람이라고 비난했어. 신민아를 찍을 때는 "잘한다, 잘한다", "좋아, 아주 좋아"라는 말만 하면서 신인 모델들을 찍을 때는 혼만 냈다는 거야. 댓글이 쫙 달렸어. 조선희, 그렇게 안 봤는데 실망이다. 약자에게 강하고 강자에게 약한 스타일이라니 최악이다.

그런 글들이 하루 종일 스멀스멀 머릿속을 기어 다녔어. 인터넷상에서 벌어진 일이고 현실에서는 누구도 내게 그런 얘기를 하지 않았지만, 그 순간만큼은 그 증오가 현실보다도 더 리얼하게 느껴졌어. 사람들이 왜 악성댓글 때문에 고통받고 심지어는 자살까지 하는지 이해가 갔어.

나는 포토그래퍼가 직업인 사람이야. 좋은 사진을 얻기 위해서 모델에게 칭찬도 하고 비판도 하고 지시와 조언도 하는 사람이야. 20년이나 사진을 찍어왔으니 경험 없는 신인 모델들을 만나면 뭐가 잘못되었는지 한눈에 다 보여. 심사위원으로 불려갔으면 그걸 말해주는 게 내가 해야 할 일 아닌가? 그게 더 도움이 되지 않겠어?

신민아는 열세 살 때부터 카메라 앞에 서온 베테랑 모델이야. 심지어 촬영 후 보정이 전혀 필요 없을 정도로 몸매, 자세, 표정에 결점이 없어. 내가 잘한다 잘한다 칭찬만 한 이유는 정말 칭찬밖에 할게 없어서야. 신민아 같은 프로를 찍는 장면과 아무 경험도 없는 신인을 찍는 장면을 나란히 보여주고, 그걸로 내 인성을 판단한다? 그런 발상을 어떻게 할 수 있는 걸까?

하지만 분이 가라앉고 난 후 곰곰이 생각해보니, 이 또한 내가 들어야 할 말이라는 생각이 들었어. 사람들은 대체로 듣기 싫은 소리를 안 하려고 하고, 악역을 맡기 싫어하지. 나는 그런 걸 따지지 않고 머릿속에 떠오르는 말을 내뱉는 스타일이라서 사람에 따라 충분히 지나쳐 보일 수 있어. 전부는 아니더라도 그 역시 내 모습의 일부라는 걸 인정할 수밖에 없었어.

그래, 내 스스로 당당하면 돼. 맹세코 나는 신인 모델들을 함부로 대하지 않고, 연예인이라고 아부하지도 않아. 누구든 내 카메라 앞에 서면 그 시간만큼은 그가 나의 전부야. 나의 사랑이고 나의 우주야. 칭찬이든 비판이든 조언이든, 야단치고 혼을 내는 것이든, 모두 다 내가 나의 피사체에게 애정을 가지기 때문에 벌어지는 일이야. 어떤 사진이 나올지 그 결과를 내가 고스란히 책임져야 하는데, 왜 내가 그들에게 못되게 굴겠어? 어떻게 감히 차별할 수 있겠어?

사진작가는 사진으로 말할 뿐이야. 나에 대한 모든 오해와 비판, 모든 반감과 선입견을 일일이 해명할 필요가 없어. 나는 사진으로 말하고 사진으로 다가갈 거야. 볼 줄 아는 사람에겐 통하리라 믿어.

끝이 아닌 데서
멈추지 말라

[image: 카메라 아이콘]

조선희　몇 년 전에 이정재가 어느 매체와의 인터뷰에서 나에 대해 이렇게 말한 적이 있어.

"조선희 작가와 많이 싸웠다. 하고 싶은 것이 굉장히 많아서 나에게 물속에 들어가라고 하고 페인트를 얼굴에 부으라고도 했다. 이렇게까지 안 해도 되는데, 그런 생각이 들었다."

정우성도 이런 얘기를 했어.

"조선희 작가는 좌충우돌 다혈질에 자신이 원하는 건 다 찍어야 한다."

뭐 조선희는 고집도 세고, 화도 잘 내고, 모델에게 갖은 고생을 시키는 사진작가라는 말이지. 다 오래전 얘기야. 지금은 이렇게 사진을 찍지 않아. 고집도 안 부리고, 화도 안 내고, 모델에게도 하기 싫어하는 것을 절대 강요하지 않아. 오히려 설득하고 애원하는 쪽이지. 힘들지, 미안한데 이렇게 딱 한 장만 찍어보자. 몇 컷만 더 찍자. 이렇게 어르고 다독이면서 일하고 있어.

그런데 예전에는 그러지 않았어. 정말 하고 싶은 건 다 해야 직성이 풀렸어. 이정재에게는 첫 작업 때부터 바닷물에 들어가라는 둥 독한 시가를 피워보라는 둥 무려 10시간 동안 쉬지도 않고 이것저것 요구해댔으니까. 이후로도 그와의 작업은 쉽게 끝나는 법이 없었어. 얼굴에 페인트를 묻히고, 수천 명이 지나다니는 서울역 광장에 서 있게 했어. 내가 그에게 화를 내고 소리를 질렀던가? 기억나지 않아. 나 정말 미쳤지? 감히 대한민국 대배우 이정재에게!

정우성에게도 예외는 없었어. 한번은 화학약품 냄새가 진동하는 마네킹 공장에서 그와 작업한 적이 있어. 그를 마네킹으로 분장시켜서 대여섯 시간을 내리 찍었을 거야. 날씨는 덥고 냄새는 고약하고, 다들 돌아버릴 지경이었지. 겨우 촬영을 끝내고 마무리를 하고 나오는데, 마네킹을 넣어놓고 도색하는 컨테이너를 발견했어. 천장부터 벽, 바닥까지 도장용 가루가 두텁게 쌓여 있는 공간이었지. 순간 아이디어가 떠올랐어.

"우성아, 저기 좀 들어가 줘. 맨발로!"

그는 전혀 싫은 기색 없이 신발을 벗고 들어갔어. 흥분해서 셔터를 막 누르는데 뒤통수가 따가운 거야. 돌아보니 매니저가 화난 표정으로 나를 째려보고 있더라.

내가 너무했나? 맞아, 그랬어. 패션 잡지 화보는 기본 6쪽, 많아야 8쪽 정도라서 그렇게 많이 찍지 않아도 돼. 다른 작가들은 보통 100컷 정도 찍고 거기서 고르나 봐. 그런데 나는 200컷 이상을 찍고, 설정도 열 가지가 넘어. 심지어 스무 가지 이상을 찍으니 오버하는 게 확실해.

그 시절의 나는 한 마리 경주마였어. 앞만 보고 쭉 달리는 거야. 내가 가고 싶은 길, 내가 가기로 한 길, 그것만 보고 달렸어. 나는 작가니까. 내가 표현하고 싶은 것을 위해서 모델은 내 지시대로 움직여야 했고, 메이크업과 헤어는 내가 원하는 모양이 나올 때까지 수정해주는 게 당연하다고 생각했어. 많은 저항이 있었지. 나는 그걸 이해할 수 없었어. 저 사람들은 왜 싫어하는 거야? 왜 거부하지? 다들 좋은 사진을 찍기 위해 여기 모인 거 아닌가?

나는 내가 찍는 사진 한 장 한 장이 최고의 작품이길 원했어. 아무리 커머셜 사진이라 해도 그 안에도 분명히 이 시대를 투영하는 정신이 있고, 오직 그때만 담아낼 수 있는 배우의 아름다움이 있으니까. 그것을 나만의 시선으로 해석해 하나의 이미지로 만드는 것은 단순히 사진 한 장이 아니라, 문화의 기록이고 내가 추구하는 예술의 과정이라고 생각했어.

그래서 계속 달렸어. 배우들을 괴롭히고, 어시스턴트에게 언성을 높이고, 심지어 내가 고용하지도 않은 스타일리스트들에게 호통을

치기도 했어.

어느 날 술을 마시다가 이정재한테 물었어.

"내가 네 얼굴에 페인트 부으라고 할 때, 싫었니?"

그가 대답했어.

"싫었지. 그런 걸 좋아하는 사람이 어디 있겠어? 네가 하자고 하니까 한 거지."

"아직 더 남아 있는 걸 빤히 아는데 거기서 멈출 수는 없어.
어디가 끝인지는 내가 제일 잘 아니까."

물불을 가리지 않고 앞으로만 달리는 경주마 같은 나. 때문에 충돌도 많았지만, 덕분에 좋은 사진도 많이 건졌어. 이병헌의 등에 악마의 검은 날개를 붙인 사진, 장동건의 등에 천사의 하얀 날개를 붙인 사진, 송혜교가 남장한 사진, 원빈이 흙을 묻히고 눈물을 흘리는 사진. 이런 사진들은 내가 그렇게 찍자고 고집해서 나온 것이기에 더 소중해.

나는 이것도 스타일링의 일부라고 생각해. 보통 스타일링이라고 하면 머리, 화장, 옷, 신발, 액세서리 등을 생각하지. 이것들은 상황에 따라 주어지는 것이고, 작가가 바꿀 수 있는 범위가 제한돼 있어. 만약 이게 전부라면 어느 작가가 찍든 사진이 거의 비슷할 거야. 나는 누구나 예상할 수 있는 이미지, 누군가 이미 찍었을 수도 있는 사진은 찍고 싶지 않아. 오직 나와 그 모델이 만났을 때에만 가능한 사진을 찍고 싶어. 그래서 스태프들이 이미 마련해놓은 스타일링에 나만의 스타일링을 덧붙이는 거야. 얼굴에 페인트를 붓고, 등에 날개를 붙이고, 시가를 피워 얼굴을 연기로 가득 뒤덮게 하는 등 연출을 통한 스타일링을 추구하는 것이지.

최대한 많이, 여러 컷을 찍는 수고도 필요해. 물론 몇 장 안 찍었는데도 좋은 컷이 나올 수 있지. 하지만 사진에는 호흡이라는 게 있어. 어느 정도까지 가보고 앞에 찍은 게 나았다고 판단하는 것과 몇 컷 안 찍고 그중에서 고르는 것은 엄연히 달라. 끝까지 가보고 최선을 받아들이는 것과 미리부터 타협하는 것 사이에는 엄청난 태도의 차이가 존재해. 이것이 쌓이고 쌓이면 결국 실력의 차이가 되는 거야.

나도 힘들어. 카메라가 무거워서 어깨가 빠질 것 같고, 태양이 뜨거워서 죽을 것 같아. 배우나 모델이 불편해하면 눈치 보이고. 그렇다고 아직 더 남아 있는 걸 빤히 아는데 거기서 멈출 수는 없어. 심지어 클라이언트나 광고주가 이 정도면 됐다고 말하더라도 나는 계속 찍어야 해. 어디가 끝인지는 내가 제일 잘 아니까.

지금은 예전처럼 그렇게 많은 콘셉트로 10시간 이상씩 찍지는 않아. 배우와 스태프들이 얼마나 지쳤는지를 봐가면서 때로는 설득도 하고 때로는 양보도 잘해. 하지만 여전히 내 안에는 목표 지점을 향해 질주하고 싶은 경주마가 있어. 지금도 나는 모델들을 예쁘게 찍기보다는 머리를 헝클어뜨리고, 얼굴을 망가뜨리고, 알몸으로 물에 빠뜨리거나 냉동창고에 넣어서 고난에 빠뜨리고 싶어. 그래야 그들의 근원적인 감정을 끌어낼 수 있고, 지금까지는 보지 못했던 새로운 이미지가 나오니까. 그래서 나는 이 경주마의 질주 본능을 억제하고 싶지 않아. 언제든 뛰쳐나가 마음껏 달릴 수 있는 기회를 기다리고 있어.

서수민   가끔 후배들이 내게 와서 기획서가 까였다고 하소연을 하곤 해. 나도 수백 번 까여봐서 그 마음이 어떤지 너무나 잘 알지. 얘기를 들어보면 또 그다지 나쁘지도 않아. 오히려 새롭고 신선하고 기발하기까지 해. 그런데 왜 까인 걸까?

그게 참 어려워. 어떤 기획이 좋다 나쁘다 판단하는 것. 상사들은 도대체 그걸 어떻게 알까? 그리고 안 된다고 하면 담당 PD는 그걸 포기하는 게 맞는 걸까? 고집을 부려서라도 밀고 나가야 하는 건 아닐까?

여기에 있으면 까이기만 하던 기획안들이 대박이 나는 경우를 정말 많이 보게 돼. 〈복면가왕〉이 대표적이야. KBS에서 매년 하는 제안공모 때마다 올라오던 안이야. 그런데 가수가 복면을 쓰고 노래를 한다? 왠지 음침하고 불쾌할 수 있지 않을까? 이런 생각이 지배적이었어. 그래서 이 프로그램은 KBS에서는 빛을 보지 못했어.

지금 인기리에 방송되고 있는 프로그램들도 기획서 단계에서는 비판을 많이 받았어. 예를 들어, 연예인이 자기 자식을 데리고 나와서 방송을 한다는 게 말이 되냐, 일반인들이 고민거리를 가지고 와서 방송에서 뭔 얘기를 하겠다는 것이냐, 남이 혼자 사는 것을 들여다보는 게 뭐가 재미있겠냐 등등 기획서에 문자로만 표현돼 있는 상태에서는 좋은 평가를 받지 못했어. 그러니 좋은 기획과 나쁜 기획을 판단한다는 게 참 부질없지.

결국 중요한 건 그걸 하겠다는 사람의 의지라고 난 생각해. 어차피 새로운 것들은 아무리 익숙한 말로 얘길 해봐야 듣는 사람한테는 낯설 수밖에 없어. 나는 말이야, 국장님이나 CP가 좋다고 칭찬하면 그게 실패할 확률이 더 높다고 생각해. 칭찬한다는 건 머릿속에 쉽게 그려진다는 거잖아. 그건 이미 새로운 게 아니지.

그래서 나는 요즘 예전에 실현되지 못했던 기획안들을 다시 돌아보고 있어. 그것들은 어쩌면 시작이 잘못되어서 버려진 것이 아니라, 내가 그 끝을 품지 않았기에 스스로 버린 것일 수도 있어. 남이 정해주어야만, 선택받아야만 뭔가를 시작할 수 있는 게 아니니까. 중요한 건 내 의지야. 나 스스로 끝을 바라보는 의지.

시스템을 존중하라

서수민 매해 연말이 되면 방송국은 각종 시상식 준비로 분주해. 연기대상, 연예대상, 가요대축제, 성우연기대상 등 종류도 많아. 몇년 전 CP로 승진한 후에야 알게 되었어. 이런 시상식에서 중요한 것은 정작 본 시상식보단 앞에 있는 리셉션이라는 것을. 그리고 그 행사장에서 박수 부대 역할을 하는 것도 CP들의 주요 업무 중 하나라는 것을. 사실 별로 할 일도 없어. 연예인들 쭉 초대해놓고 본부장님, 사장님이 들어오시면 박수 치고 축배를 드는 거야. 그다음은 사진을 찍어야 해. 많이. 아주 많이.

이걸 꼭 가야 하나? 어느 해에는 안 가겠다는 사람도 많고, 나도 너무 가기 싫어서 동기 CP와 작전을 짰어. 눈치를 보다가 CP들이 다 가면 우리도 가자, 빠지는 사람이 한두 명이라도 있으면 가지 말

자. 그렇게 하기로 했어.

시간이 다 돼서 시상식장을 들여다봤어. 우리 두 사람 빼고는 이미 다 와 있었어. 그중에는 국장님과 사장님 옆에 딱 붙어서 의전의 왕으로 변신한 사람들도 있더군. 평소에는 이런 일에 아무 관심 없다던 사람들이 슈트를 쫙 빼입고 멋진 미소를 지으며 본부장님과 사장님 옆에 서 있었어. 두 분 말씀에 무조건 웃음을 터뜨리고 박수를 치더라.

그중에서도 단연 돋보이는 사람이 있었어. 그날 본부장님이 따님을 데리고 왔는데, 그 따님을 가수들과 일일이 소개시키면서 열심히 사진을 찍어줬어. 본부장님이 너무 좋아하시니까 다른 CP까지 나서서 열심히 하더라고. 따님은 민망해하는데 본부장님은 그럴수록 더 좋아하고……. 동기와 나는 "저 정도면 의전의 왕이 아니라 의전의 신이다. 우리는 죽었다 깨어나도 저런 건 할 수 없다"라며 감탄했어. 그때 살짝 KBS에서 간부로서 사는 길을 포기했어. 나는 도저히 이길 수가 없겠더라.

드라마 〈프로듀사〉를 보면 체육대회 장면이 있어. 축구를 하는데, 국장님이 공을 잡자 모든 PD들이 할리우드 액션을 하면서 국장님이 골대에 골을 넣도록 길을 터주지. 유일하게 분위기 파악을 못하는 막내 PD만이 그걸 막아내려고 애를 쓰다 선배들에게 눈총을 받아. 좀 과장되긴 했지만 현실과 아주 다르진 않아.

결국 PD도 직장인인 거야. 창의적인 작업을 하기 때문에 자유로운 환경에서 일할 것 같지만, 전혀 그렇지 않아. 상하관계도 굉장히 분명해. 꼭대기에 사장님이 있고, 그 밑에 편성본부, 보도본부, 제작본부, 또 그 아래 드라마국, 교양국, 예능국이 있어. 또 그 예능국 안에 1CP, 2CP, 3CP, 4CP, 그 아래 팀장들, 그 밑에 각 프로그램들이 있어.

각각의 프로그램도 하나의 조직이지. 메인 PD가 있고 밑에 조연출이 있는데, 여럿일 경우 연차에 따라 퍼스트, 세컨드로 순서가 매겨져. 그리고 같이 일하는 작가들과 진행 팀, 현장의 카메라 팀, 조명, 특수 장비, 음향, 차량 등 큰 조직 속에 작고 다양한 조직들이 각자의 일을 하면서 얽혀 있지. 고용 형태도 다양해. 사장과 본부장들은 임원, CP부터 조연출까지는 방송사에서 월급 받는 직장인, 작가·진행 팀·카메라·조명 등의 스태프들은 프리랜서가 대부분이야.

그런데 이렇게 치밀하게 짜인 조직에서 나는 들이받고 싸우기나 했으니 직장인으로서의 자세가 안 되었던 거지. 남들처럼 의전의 왕은 못 될지라도 제자리에서 조용히 일하는 모습을 보여주었다면 평균이라도 갔을 텐데. 늘 갈등과 잡음을 만들고 적을 대하듯이 했으니, 지금 생각하면 정말 한심해.

하지만 나는 〈개그콘서트〉를 할 때까지도 이게 문제가 된다는 걸 몰랐어. 내가 놓치고 있는 게 정확히 보이기 시작한 건 팀장으로 승진을 하고 나서부터야. 중간관리자가 된 거지. 하루아침에 직업이 바뀐 것 같았어. 매일 촬영장과 편집실에서 살던 내가 KBS 다이어리를 옆에 끼고 주 3회 월·수·금 국장님 회의에 참석을 해야 했어. 국장님의 말씀을 들으며, 필요하면 다이어리에 받아 적고, CP들끼리 순서대로 돌아가면서 각자 맡고 있는 프로그램들의 현안을 보고해야 하지.

약 30분간 진행되는 그 회의가 어찌나 어색하고 불편하던지. 나와 "형!", "선배!" 하며 일하던 사람들이 딱딱하게 앉아서 보고하고 대답하는 그 모습에 적응이 되지 않았어. 똑같은 말을 듣고 전달만 해야 하는 모습에서 내가 이러려고 PD가 되었나 자괴감이 느껴지기도 하고……

그래서 회의 때마다 나는 삐딱하게 앉아 있었어. 박차고 나갈 용기는 없고, 그렇다고 열심히 듣기는 싫고. 회의 내내 턱을 괴거나 팔짱을 끼고, 심지어 카톡을 하기도 했어. 정말 불량했지.

"사람들은 몰라. 한 공간에서 회의도 하고 밤도 새면서 많은 시간을 함께 보내지만, 내가 말하지 않으면 알 수 없어."

어느 날 생각을 하다가, 국장님이 내 안건에 반대하는 경우가 많아졌다는 걸 깨달았어. 똑같은 사람을 섭외해도 다른 팀장이 얘기하면 넘어가는데 유독 내가 얘기하면 다시 생각해보라는 말을 들었어. 왜 그러나 의아했어.

한 선배가 이렇게 말했어.

"뭐가 문제인지 모르겠니? 국장님이 말씀하실 때 다른 사람들의 태도와 너의 태도를 비교해 봐. 다른 사람들은 국장님 말씀에 고개를 끄덕이고, 눈을 맞추고, 한 마디 한 마디 꾹꾹 힘을 줘서 본인 다이어리에 적어. 그런데 넌 뭘 하니? 턱 괴고 다리 꼬고 앉아서 뭘 하겠다는 거야?"

아뿔싸! 내 프로그램일 때는 아무 상관 없었어. 위에서 뭐라고 하건 방송으로 보여주면 된다고 생각했지. 그런데 팀장은 그러면 안 돼. 내가 상사와 소통을 잘못하면 그 피해를 내 후배들이 받게 되는 거야. 그건 직무 유기인 거지. 노력해야겠다 싶었어. 그리고 결심했지. 원활한 소통을 위해 내가 달라지자. 윗사람에게 잘하자. 무조건 나보다 위면 굽히자.

이후로는 간부회의 때 웃으면서 고개를 끄덕이고 국장님이 말씀하시면 받아 적기도 했어. 다들 너무 좋아했어. 아, 이거구나. 별 것도 아닌데 왜 이런 걸 못했나 싶었지.

그 선배가 또 그랬어. 너는 왜 촬영이나 녹화 끝나고 선배나 다른 사람들한테 수고하셨습니다, 열심히 하겠습니다, 문자 한 통이 없냐고. 남자 PD들은 잘 보내는데 여자 PD들은 그렇지 않다는 거야. 연말연시에 '새해 복 많이 받으세요'라는 문자도 남자들이 더 많이 한 대. 아니, 왜 그런 진심도 아닌 것에 사람을 평가하느냐고 버럭 화를 냈지만, "그럼 너는 일하면서 어떻게 너의 진심을 보여줄 건데?"라는 선배의 질문에 나는 대답하지 못했어.

선배 말이 맞아. 사람들은 몰라. 한 공간에서 회의도 하고 밥도 먹고 밤도 새면서 많은 시간을 함께 보내지만, 내가 말하지 않으면 알 수 없어. 내가 당신에게 얼마나 의지하고 있는지, 얼마나 고마워하고 있는지, 내가 얼마나 잘하고 싶어 애쓰고 있는지.

그래서 나도 눈을 질끈 감고 국장님께 문자를 한번 보내봤어. 프로그램의 근황과 국장님의 안녕을 비는 내용을 담았지. 그런데 더 어색해졌어. 안 하던 짓을 하니 역효과가 생긴 거야. 이건 뭐, 행동은 건방진데 문자로는 아부하는, 앞과 뒤가 다른 이상한 사람이 되어버린 거지.

할 수만 있다면 나의 좌충우돌 직장생활을 처음부터 다시 쓰고 싶어. 하지만 이미 여기까지 와버렸고 이제라도 '뭣이 중한지' 깨달았다는 걸 위안으로 삼아야겠지. PD라는 직업을 선택한 이상 대중의 선택을 받는 좋은 프로그램을 만드는 것이 나의 목표라는 점에는 변함이 없어. 하지만 그 이전에 나는 직장인이야. 상사의 권한, 중간관리자로서의 책임, 선후배·동료들과의 원활한 소통 및 원만한 관계 등 조직의 시스템을 존중할 줄 알아야 해. 하필이면 내가 제일 못하는 것들이라서 안타깝긴 하지만, 그래도 노력하지 않는 것과 노력하는 것 사이에는 굉장한 차이가 있지. 사무실 벽에 붙여놓아야겠어. "잊지 마라. 나는 직장인이다!"라고.

진심이 향하는 곳으로 가라

조선희 스튜디오를 열고 돈이 되는 일이라면 뭐든지 하던 시절, 나도 소위 '하우스 스튜디오'를 하게 되었어. 하우스 스튜디오란 잡지사와 계약을 맺고 의뢰하는 모든 사진을 찍어주는 거야. 이걸 하게 되면 미용 사진부터 행사 사진, 제품 사진까지 잡다한 사진을 다 찍어야 해. 대신 매달 일정 수익이 보장된다는 장점이 있지. 스튜디오 고정 지출비 등에 대한 걱정을 덜 수 있어. 그래서 스튜디오를 운영하는 사진작가라면 모두 하우스 스튜디오 계약을 따내기 위해 열심히 영업을 해.

나도 한때는 한꺼번에 세 개 잡지사와 계약을 한 적이 있어. 고정 수입이 생기면 마음이 편해질 거라는 생각에 무조건 하겠다고 덤비다 보니 전문 하우스 스튜디오가 되어버린 거야.

그때부터 내 삶이 너무 바빠졌어. 잡지사의 마감에 맞춰 이 촬영장에서 저 촬영장으로 미친 듯이 뛰어다녔어. 하루에 두세 건의 촬영을 소화하면서 내가 뭘 찍고 있는 건지, 제대로 찍긴 찍었는지 기억조차 못 하는 날도 있었어. 그렇게 몇 달을 보내고 나니 이대로 괜찮은 건지, 내가 잘 살고 있는 건지 의문이 들기 시작했어.

그러던 어느 날 담양으로 촬영을 갔는데, 도착해서 보니 카메라가 먹통이었어. 산길에 차를 몰고 덜컹덜컹 달렸더니 짐칸에 실은 카메라의 나사가 풀려버린 거였어. 비포장도로를 달릴 때에는 카메라를 소중히 안고 타는 것이 기본인데, 그걸 놓치다니! 등에서 식은땀이 솟았어. 이곳저곳 미친 듯이 전화해서 카메라를 빌릴 수 있는 곳을 수배했어. 한 시간 만에 겨우 해결이 되고 나니 탈진해버릴 지경이었지.

"진짜 중요한 것이 무엇이냐고 물었을 때, 그건 돈이 아니라
나의 사진 그리고 사진에 임하는 나의 마음이었어."

그때 결심했어. 안 되겠다, 돈이고 뭐고 하우스 스튜디오를 그만둬야겠다. 나는 사진작가가 되고 싶은 거지 사진공장이 되고 싶은 게 아니니까. 한 달에 수천 컷을 찍고 수백 컷이 잡지에 실리지만, 그중에서 진심으로 내 마음을 담아 심혈을 기울여 찍은 작품은 과연

몇 컷이나 될까? 나의 작품이라고 자신 있게 말할 수 있는 사진은 몇 컷이나 될까? 진짜 중요한 것이 무엇이냐고 물었을 때, 그건 돈이 아니라 나의 사진 그리고 사진에 임하는 나의 마음이었어.

그렇게 하우스 스튜디오 일을 정리하고 다시는 돌아보지 않았어. 안정적인 수입이 확 줄긴 했지만, 화보 사진과 광고 사진에 더 집중할 수 있었지. 이후로 하우스 스튜디오는 경쟁이 더 심해졌어. 업체들이 앞 다투어 단가를 낮추고, 그로 인해 사진의 질이 떨어져서 잡지사들과 갈등이 많이 생긴다고 하더라.

물론 하우스 스튜디오 자체가 나쁜 것은 아니야. 많은 스튜디오들이 열과 성을 다해 이 일을 하고 있고, 잡지사들의 경영에도 상당히 도움이 되고 있어. 문제는 그 일에 열정을 태우기엔 나의 꿈이 다른 곳에 있었다는 거지. 단 한 장을 찍더라도 심혈을 기울일 수 있는 시간과 오직 나만이 시도해볼 수 있는 특별한 이미지가 내겐 더 중요해. 그래야만 내 마음을 담을 수가 있으니까.

웃음이 세상을 바꿀 수 있다

서수민 · 내가 KBS에 합격했을 때 가장 기뻐한 사람은 아버지였어. 우리 딸이 KBS PD가 되었다며 여기저기 전화를 걸어 자랑을 하셨지. 나 역시 평생을 아버지의 자랑이 되기 위해 노력하며 살았기에 그런 반응이 좋았어. 내가 효도라는 걸 했구나 싶어 신이 났지.

하지만 아버지는 내가 입사해서 코미디 프로그램을 맡은 걸 아시고는 무척 실망하셨어. 코미디라면 질색을 하는 분이셨거든. 고등학교 교사였던 아버지는 클래식 음악과 성악을 좋아하고, 그림도 잘 그리고, 책과 영화도 열심히 보는, 문화적 소양이 높은 분이셨어. 주말에는 공부 대신 함께 〈주말의 영화〉를 보자고 하셨지. 텔레비전 채널을 돌리다가 가끔 〈유머 1번지〉 같은 코미디 프로그램이 나오면 혀를 끌끌 차셨어. 저런 방송 때문에 텔레비전이 바보상자가 되는 거라며 절대 보지 말라고 하셨어.

그러니 딸이 코미디를 만드는 게 얼마나 실망스러우셨을까. 휴가 때 집에 내려가면 아버지는 코미디 말고 다른 프로그램을 하면 안 되겠냐, 이왕이면 〈열린음악회〉를 해라, 슬쩍 말씀하셨지. 한번은 진지하게 이런 말씀도 하셨어.

"미안하다. 네가 백이 없어서 다큐멘터리 같은 걸 못하고 코미디만 맡는구나."

아버지는 내가 드린 KBS 로고가 찍힌 단체복을 매일 자랑스레 입고 다니셨어. 하지만 주변에 내 딸이 KBS PD라고만 하셨지, 무슨 프로그램을 만든다는 말은 일절 안 하셨어. 그런 아버지를 보면서 답답하기는 나도 마찬가지였어. 코미디라도 잘하고 있다는 걸 보여드려야 하는데, 프로그램 이곳저곳을 전전하면서 답 없는 직장생활을 하고 있었으니까.

결국 아버지는 내가 〈개그콘서트〉로 성공하는 걸 못 보시고 돌아가셨어. 2005년 갑작스레 심근경색이 와서 병원으로 급히 모셨는데, 의사들이 위장병으로 오진하는 바람에 손을 써보지도 못했어. 아버지가 그렇게 황망하게 가실 줄은 몰랐어. 당시 내가 〈비타민〉 PD였던 터라 장례식에 대한민국의 내로라하는 의사들이 다 찾아왔는데, 참 어이가 없더라. 급성심근경색에 대해 방송한 게 불과 몇 주 전이었는데, 아버지의 심근경색도 대처하지 못한 내가 무슨 의학 지식을 시청자들에게 전하겠다고…….

그렇게 갑작스럽게 아버지를 보낸 것이 한이 되었어. 아버지가 그토록 편찮으신데 똑똑하게 대처하지 못했다는 죄책감과 더 이상 누군가의 자랑이 될 필요가 없다는 허무함에 거의 몇 년을 방황했어. 그때 아이를 낳지 않았다면 더 오랫동안 방황했을 거야.

"예능이 이제 감동과 위로와 사랑을 주는
프로그램으로 진화하기 시작했어.
예능이 세상을 바꿀 수도 있구나 하는 생각을 감히 해본다."

시간이 한참 흘러 드디어 〈개그콘서트〉를 맡게 되었고 이름을 알렸지. 방송에서 코미디와 예능이 차지하는 비중은 점점 커졌어. 스튜디오에 연예인을 모아놓고 왁자지껄 떠드는 것에 머물러 있던 예능이 이제 여행을 떠나 고생을 하고, 힘들게 아이를 키우고, 알콩달콩 연애를 하고, 누군가를 위해 정성스럽게 요리하는 모습을 보여주면서 감동과 위로와 사랑을 주는 프로그램으로 진화하기 시작했어.

내가 처음 입사했을 때 KBS에는 예능국이 따로 없었어. 보도국·드라마국·라디오국이 있었고, 교양 프로그램을 제작하는 TV1국과 TV2국이 있었어. TV2국이 교양과 함께 음악쇼, 코미디, 예능을 담당하고 있었지. 나도 TV2국에 속한 예능 부문 PD였어.

한 3~4년차 즈음인가, 예능 PD들끼리 간 워크숍에서 예능도 이제 '팀'이 아니라 '국'으로 승격할 때가 되지 않았느냐는 이야기가 처음 나왔어. 우리끼리 예능팀을 예능국으로 만드는 독립운동을 하자며 목소리를 높였던 기억이 나. 나는 물론 상당히 많은 사람들이 박수 치며 공감했지만 믿지는 않았어. 그런데 몇 년 후에 돌아보니, 우리가 정말로 예능국이 되어 있더라. 이제 예능 없는 KBS는 상상도 할 수 없어. 오히려 예능이 KBS의 꽃이 되었지.

2013년 '한국PD대상'에서 나는 예능 PD 최초로 '올해의 PD대상'을 수상했어. 대상은 주로 시사나 다큐멘터리 혹은 드라마 PD한테 가는 법인데, 그걸 〈개그콘서트〉의 PD에게 줄 줄은 아무도 예상하지 못했어. 예능의 위상이 얼마나 달라졌는지를 보여주는 파격적인 결정이었지. 수상 소감으로 나는 아버지 얘기를 했어. "하늘나라에서 내 딸이 코미디 PD라고 이제는 자랑스럽게 얘기하셔도 될 것 같다"고. 그리고 "예능이 세상을 바꿀 수도 있구나 하는 생각을 감히 해본다"라고.

마음껏 월담하라

조선희　몇 년 전에 문화계 인물을 조명하는 어느 방송 프로그램에 출연한 적이 있어. 그때 인터뷰를 하면서 내가 찍은 사진은 왜 예술 사진으로 평가해주지 않느냐는 말을 했는데, 방송 나가고 엄청 욕을 먹었어. 연예인 사진이나 찍는 사람이 예술사진 운운한다고 말이야.

아마 내가 판도라의 상자를 건드렸나 봐. 오랫동안 사진은 '커머셜'과 '순수'로 나뉘었고 그 경계를 지키며 살아왔는데, 내가 그걸 허물어뜨리려 한 거니까. 커머셜 작가들은 커머셜 작가대로, 순수 작가들은 순수 작가들대로 기분 나빠했어. 직접 항의를 하면 설명이라도 할 텐데, 나도 어쩔 줄을 모르겠더라.

커미셜과 순수를 구분하는 기준이 뭐지? 돈을 받고 찍느냐 아니냐? 그렇다면 나는 커머셜 사진작가가 맞아. 그런데 이것도 좀 모호해. 왜냐하면 나는 대체로 돈을 받고 사진을 찍지만, 그렇지 않은 사진작업도 꾸준히 해왔거든. 여행을 하면서 혹은 일상에서 찍은 나만의 '순수한' 사진들도 내게는 소중한 작업이야. 그런 사진들도 최선을 다해 찍었어. 이런 사진들만 추려서 작은 전시회도 열고 사진집도 냈지. 다만 세간에는 연예인 화보와 광고 사진을 찍는 내가 더 부각되기 때문에 그저 커머셜 사진작가의 가벼운 월담 정도로만 인식되는 것 같아.

무엇으로 밥벌이를 하느냐로 구분한다면? 역시 나는 커머셜 사진작가겠지. 무엇을 찍느냐로 구분한다면? 나의 사진에는 더 많은 돈을 벌려는 자본가의 욕심과 소비를 자극하는 트릭과 연예인의 미소가 담겨 있어. 사진의 표면에 무엇이 담겨 있느냐 하는 점을 볼 때도 나의 사진은 커머셜이 맞아.

그럼에도 나를 커머셜 사진작가로만 규정하기 싫은 이유는, 나는 결코 클라이언트가 요구하는 대로만 사진을 찍는 꼭두각시가 아니기 때문이야. 물론 내가 그들이 요구하는 목적 자체를 뒤집을 수는 없어. 패션 화보는 모델이 입은 옷과 액세서리를 돋보이게 해야 하고, 음반 재킷은 더 많이 팔려야 하고, 영화 포스터는 더 많은 관객을 끌어들여야 하지. 하지만 나는 이런 틀 안에서 어떻게든 나의 시각을, 즉 나의 생각과 색감과 콘셉트를 담으려고 노력해. 인간이 갖고 있는 원초적 감정, 이를테면 죽음에 대한 공포, 외로움, 슬픔, 사랑, 자유에 대한 갈망. 이런 것들을 담으려고 애를 쓰지.

"나는 모든 사진작가는 순수함과 상업성을 동시에 갖고 있다고 생각해.
왜냐하면 이미 우리는 이 두 가지가 교묘히 얽혀 있는
시대에 살고 있기 때문이야."

상업적인 틀 안에서도 사진작가의 의도와 생각을 심을 수 있고, 또 그것으로 보는 이에게 감동을 줄 수 있다면 이 역시 순수하다고 볼 수 있지 않을까? 아니, 적어도 순수와 상업 사이에 있다고 말해도 되지 않을까?

나는 모든 사진작가는 순수함과 상업성을 동시에 갖고 있다고 생각해. 왜냐하면 이미 우리는 이 두 가지가 교묘히 얽혀 있는 시대에 살고 있기 때문이야. 커머셜 사진작가들도 사진 속에 자신의 고유성을 담으려고 애를 쓰고, 순수 사진작가들도 자신의 시각을 담았으나 결국에는 잘 팔리는, 혹은 소장 가치가 있는 사진을 찍으려고 노력하고 있어. 결국은 누군가의 선택을 받기 위해 찍는 거니까.

사실 사진이란 게 처음 등장했을 때, 이걸 예술이라고 평가해주는 사람은 아무도 없었어. 프랑스의 그 자유분방한 시인 샤를 보들레르조차도 '과학과 예술의 비천한 하녀'라고 악담을 했대. 에드워드 스타이컨Edward Steichen이라는 사진작가는 파리에서 전시회를 준비하다가 예술이 아니라는 이유로 거부당한 적도 있고. 그 시대에는 기계 따위로 이미지를 만들어내는 사진은 결코 예술이라고 인정할 수 없었던 거지.

하지만 사진은 계속해서 예술의 영역으로 월담을 강행했고, 결국엔 그 경계를 허물어트렸어. 스타이컨이 1904년에 찍은 〈달빛 비치는 연못The Pond-Moonlight〉은 지금 미국 메트로폴리탄 미술관에 걸려 있고, 무려 30억 원이나 하는 걸작으로 평가받지.

나는 커머셜 사진과 순수 사진의 경계도 점점 사라질 거라고 생각해. 벌써 허물어지기 시작했어. 상업은 예술의 영역으로, 순수는 상업의 영역으로 서로 월담과 확장을 반복하면서 결국에는 구분 자체가 무의미해질 거야. 이미 일부 순수 사진작가들은 기업의 의뢰를 받아 작품을 제작하기도 하고, 또 미술관 큐레이터의 기획 아래 잘 팔리는 사진들을 찍어서 전시회를 열기도 하니까. 또 순수 작가들이 광고나 영화 등의 커머셜 작업을 하기도 하고, 커머셜 사진작가들도 틈틈이 개인 작업을 해서 전시회를 여는 일이 많아지고 있어. 닉 나이트Nick Knight, 사라 문Sarah Moon, 데이비드 라샤펠David Lachapelle 등 세계적 사진작가들의 전시회가 한국에서도 열렸어. 아쉬운 점은, 아직까지는 한국 패션 사진가의 사진이 미술관에서 제대로 조명된 적이 없다는 거야. 나는 점차 시간이 해결해줄 문제라고 생각해.

이미 꽤 오래전부터 사진작가들은 커머셜, 순수 할 것 없이 더 이상 스틸 카메라의 정지된 이미지에 머물지 않고 비디오카메라를 이용한 영상 창작에 동참하고 있어. 나 역시 몇 년 전부터 꾸준히 동영상을 이용한 비주얼 작업을 하고 있지. 이제는 하드웨어의 시대가 아니라 소프트웨어의 시대야. 무엇을 어떻게 사용할 것인가를 넘어 무엇을 어떻게 보여줄 것인가가 핵심이 되었지.

그러니 이제 커머셜 영역일까, 아니면 순수 영역일까 구분 짓는 무의미한 고민은 그만했으면 해. 나는 계속 나만의 사진을, 나의 비주얼 작업을 해나갈 거야. 그에 대한 평가는 보는 사람이 판단해주겠지.

서수민 월담이라고 하니, 예능 PD인 내가 드라마를 만든 이야기를 하고 싶다.

처음부터 드라마를 만들겠다고 생각한 적은 없었어. 가끔 〈별에서 온 그대〉를 쓴 박지은 작가와 만나서 아이디어를 나누곤 하는데, 그이가 먼저 "예능국 얘기를 해보면 어떨까?"라고 아이디어를 냈어. 그 말을 듣는 순간, 그거라면 내가 잘할 수 있겠다는 생각이 들었어. 예능국은 지난 20년간 내가 숨 쉬며 생활해온 일터였으니까.

남들이 보기에는 매우 크리에이티브하고 화려할 것만 같지. 하지만 알고 보면 직급과 역할이 분명히 나뉘고, 보이지 않는 곳에서 다양한 업무를 하는 사람들이 있고, 방송시간을 맞추느라 마감에 시달리고, 시청률이라는 결과에 의해 냉정하게 평가받는 곳이야. 일반 직장과 똑같은 곳이란 이야기를 하고 싶었어. 드라마를 연출해본 적은 없어도 캐릭터 플레이는 많이 해봤으니까, 캐릭터의 힘으로 이야기를 풀어간다면 내가 해볼 수 있겠단 생각이 들었어.

그래서 깨알 같은 리얼리티에 기반을 두고 예능처럼 캐릭터 간의 호흡에 힘을 실어 큰 사건사고 없이 극을 끌고 나가는 '예능 드라마'를 생각해냈어. 예능이면 예능이고 드라마면 드라마지, 예능 드라마가 뭐냐고 웃는 사람들도 있었어. 나도 이걸 시트콤처럼 하나의 장르가 될 수 있다고 생각한 건 아니야. 그저 예능 PD가 드라마 작가, 드라마 PD와 손을 잡고 만든 콜라보레이션, 공동 작품 정도의 의미로 받아들였으면 좋겠어.

드라마에 나오는 여러 에피소드, 예를 들어 PD 역의 공효진이 가수 아이유를 찾아가서 녹화 때 옷을 좀 단정한 걸로 바꿔 입어달라고 부탁하는 장면이나 매니저가 PD의 뺨을 때리는 장면, 행정반 직원이 PD가 제출한 식비 영수증의 처리를 거부하는 장면 등은 내가 다 실제로 겪은 100퍼센트 리얼리티야. 심지어 극중 〈뮤직뱅크〉의 막내 작가로 출연한 섹시 미녀 김선아의 캐릭터조차도 과장이 아니야. 방송국은 그런 난데없는 사람들이 수없이 스쳐가는 곳이거든. 방송 작가는 늘 필요한데, 꼭 시험을 쳐서 뽑는 것도 아니고, 알음알음 인맥을 통해서 들어오니까 가끔 엉뚱한 사람이 들어오기도 해.

오래전 〈가요무대〉를 할 때 할머니 할아버지들의 전화를 받고 민원 업무를 볼 막내 작가를 급하게 구한 적이 있어. 그때 눈이 튀어나올 정도로 예쁜 여자가 왔어. 너는 누구니, 뭘 하다 왔니, 물어도 웃기만 해. 나중에 자기소개를 하는데 말투가 이상했어.

"저 미쿡에서 왔어요. 한국 말 초큼 할 줄 알아요."

다들 기절초풍했지. 한국말을 조금밖에 못한다면서 연세 드신 분들과 매일 전화 통화하는 업무를 어떻게 한다는 건지. 알고 보니 그 당시 사장님의 친구 딸이었어.

이렇게 내가 겪은 세세한 경험이 박지은 작가의 필력으로 대본이 되고, 그것이 표민수 PD의 연출로 구현이 되면서 예능 드라마 〈프로듀사〉가 탄생했어. 나로서는 매우 짜릿한 월담이었지.

앞으로 이런 월담은 방송계에서 흔한 일이 될 거라고 생각해. 방송이 진화하면서 드라마는 예능과 비슷해지고, 예능은 드라마와 비슷해지는 크로스오버crossover 현상이 뚜렷해지고 있거든. 이미 드라마가 먹방과 합쳐지고, 로맨스 드라마에 실제 연애 장면을 담는 등 여러 새로운 시도가 이루어지고 있지.

나도 앞으로 예능 PD라는 꼬리표에 연연하지 않고 재미있는 것이

라면 무엇이든 시도할 생각이야. 월담이든 침입이든, 혹은 융합이든

복합이든, 새롭고 재미있는 것을 만들어낸다면 뭐든 환영받을 수 있

을 것이라 생각해.

3장

누구에게나 신의 한 수가 있다

"가졌던 것에 대한 미련, 아쉬움, 집착을 버려야 해.

자신의 처지를 그대로 인정하고

거기서부터 다시 시작해야겠지."

다른 것,
그것이 시작이다

조선희 김중만 선생님이 나를 어시스턴트로 받아주시면서 "내가 너를 한국의 사라 문으로 만들어주겠다"고 말씀하셨어. 사실 난 그 사람이 누군지도 몰랐어. 프랑스 태생이고, 원래 모델이었는데, 1970년대부터 패션 사진작가로 이름을 날렸고, 1980년대 중반 이후로는 그림도 그리고 영화도 만들고 있어. 사진 하는 사람들 사이에서는 굉장히 유명한데, 나는 이름조차 들어본 적이 없었어.

부랴부랴 그녀의 사진을 찾아봤어. 숨이 쉬어지지 않았어. 살짝 흔들린 초점, 마치 르누아르나 드가의 유화를 보는 듯한 색감, 모래알처럼 거친 질감……. 모두 내가 표현해내고 싶었던 거였어. 처음에는 충격을 받고 희열을 느꼈다가 곧 절망감이 들었어. 내가 하고 싶은 걸 이미 모두 해낸 사람이 있다니.

그럼 나는 앞으로 뭘 해야 하는 걸까? 평생 노력한다 해도 그녀를 뛰어넘을 수 있을까?

그러다 또 다른 걸 발견했어. 그녀의 사진을 보면 상당수가 피사체의 몸을 예상하지 않은 지점에서 잘라냈어. 이마를 눈썹 위에서 잘라내고, 미간을 잘라 눈이 보이지 않게 하고, 심지어 목을 댕강 잘라낸 사진도 있었어. 아, 이 여자는 나와 같다. 이 여자도 나처럼 남들이 하지 않는 구도로, 남들이 시도하지 않는 프레임으로 사진을 찍으려고 애쓰는구나.

이게 얼마나 큰 위로가 되었는지 몰라. 사진을 시작한 이후 나는 줄곧 이런 비판에 시달려왔거든. 구도가 왜 이러냐, 사람 몸을 왜 이렇게 자르냐. 다르게 찍기 위해 시도한 내 사진은 비전공자가 뭘 몰라서 잘못 찍은 이상한 사진으로 취급받기 일쑤였어. 그런데 사라 문의 사진을 봐. 그런 이상한 구도로 얼마든지 좋은 사진을 찍을 수 있다는 걸 보여주고 있잖아. 심지어 그녀의 사진은 패션 사진을 예술의 반열에 올려놓았다고 칭송받고 있어.

자신감을 얻었지. 내 사진은 이상한 게 아니라 낯선 것뿐이었어. 아직 덜 여물어서 낯설음을 뛰어넘어 감동을 주지 못했을 뿐, 틀린 건 아니었어. 앞으로도 나는 낯설게, 남들이 하지 않는 방식으로 나만의 사진을 찍어야겠다고 결심했어. 똑같은 사진으로 어떻게 감동을 줄 수 있겠어?

내 사진이 다르다는 이유로 몇 년쯤 고생했어. 클라이언트들은 좋다, 새롭다고 하는데 오히려 동종업계에서 많이 비판했어. 그런데 이것도 시간이 다 해결해줬어. 낯설다고 느낀 것들이 익숙해지면서 나중에는 다른 사람들도 구도를 벗어난 사진을 찍기 시작했거든. 결국 그것이 예술가의 숙명인 거야. 예술가는 숙명적으로 익숙한 것을 버리고 자유를 향해, 일탈과 파격을 향해 아무도 가지 않은 길을 가야 하지.

예술만 그런 걸까? 어느 분야든 가장 나답게 일할 때 가장 큰 행복을 느낄 거야. 미리 정해놓은 규칙대로, 남들이 다 하는 방식으로 하는 건 안전하긴 하지만 지겹잖아. 가장 어려운 건 남과 다른 선택을 하는 것에 대한 두려움을 떨치는 일일 거야. 일, 사랑, 결혼, 육아 등 우리는 언제나 남의 시선에 둘러싸여 기준을 강요받으니까.

하지만 이건 내 인생이야. 남들이 대신 살아줄 건 아니잖아. 진정한 행복은 남들이 보는 내 모습이 아니라, 스스로 느끼는 내 모습에서 온다고 생각해. 주위에 휩쓸리지 않는 것, 나만의 방식으로 해내는 것. 그 쾌감을 한 번이라도 느껴본다면 무엇이 중요한지 알게 될 거야. 그러니 나만의 방식으로 해내는 것을 자랑스럽게 생각해야 해. 우린 원래 다 달라. 굳이 같아야 할 필요가 없어.

서수민 대학교 4학년 1학기 때였을 거야. 그때 우리 언니가 결혼을 앞두고 있었는데, 선희 네가 야외 결혼식 앨범을 찍어주겠다고 했어. 공짜인 줄 알고 엄청 좋아했는데 60만 원을 내라더군. 필름 값하고 사진 인화하는 데 그 정도 비용이 든다고. 깜짝 놀랐어. 사진이 의외로 자본이 많이 필요하단 걸 그때 처음 알았어.

그런데 결혼식이 끝나고 몇 주가 지나도록 네가 앨범을 주지 않았어. 달라고 했더니 못 주겠대. 왜?

"응, 이 앨범으로 판촉 좀 하려고."

알고 보니 너는 우리 언니의 결혼 앨범으로 영업을 뛰려고 한 거였어. 벌써 명함도 준비해놨더라. 그리고 진짜로 그 앨범을 들고 이대 앞 웨딩숍을 수십 군데 돌아다녔어. 딱 한 곳에서 연락이 왔다고 했지. 너는 뛸 듯이 기뻐했어. 사진으로 돈을 벌겠다고 나선 후 처음 들어온 일이었으니까. 하지만 너는 그 일을 하고도 단 한 푼도 건지지 못했어. 앨범을 본 신랑 측 부모가 사진이 개떡 같다며 당장 환불받아 오라고 했다지? 결국 너는 계약금까지 토해냈다며 심란해했어.

알고 보니 사진의 구도가 문제였어. 이상한 지점에서 얼굴과 팔다리가 잘린 사진들. 일부러 초점을 날리고 앵글도 어긋나 있었지. 내 눈에는 상당히 파격적이고 멋졌는데, 어른들 눈에는 너무 이상했던 거야. 일반적인 결혼사진이 아니었으니까.

나중에 언니의 앨범을 받아보고 알 수 있었어. 당시의 결혼사진이란 대체적으로 촌스럽고 연출한 티가 났거든. 포즈도 구도도 다 똑같았지. 그런데 너의 사진은 완전히 달랐어. 어색한 포즈보다는 신랑 신부의 표정과 주변의 풍경, 로맨틱한 분위기와 색감을 살리는 데 중점을 뒀으니까. 그때 언니와 형부의 반응도 시큰둥했던 것 같아. 물론 지금은 두 사람 다 조선희가 결혼사진을 찍어준 것을 가문의 영광으로 생각해. 누가 그런 행운을 누려보겠냐! 아마 그때의 신랑 신부도 지금은 달리 생각할지도 몰라.

지금은 오히려 예전에 네가 의도했던 것처럼 자연스럽고 로맨틱하게 찍는 것이 결혼사진의 대세가 되었어. 예술은 그렇게 성장하나봐. 파격이 등장하고, 그걸 거부하고, 그런데 결국은 그게 틀이 되어버리지. 그리고 그 틀을 부수기 위해서는 또 다른 파격이 필요하지. 처음 시도하는 사람은 욕을 먹을 수밖에 없어. 욕먹기 싫은 사람, 비판을 두려워하는 사람이라면 시도조차 안 할 테니까.

사람을 잘 붙잡으라

서수민 〈개그콘서트〉를 맡게 되었을 때, 제일 심각한 문제는 불신이었어. 시스템에 대한 불신, 이대로 지속 가능한가에 대한 불신……. 심지어 개그맨들도 자신의 재능을 못 믿고 있었어. 이런 상황에서 내가 새로 온 PD라고 인사하러 간 거야.

다들 표정이 좋지만은 않았어. 〈폭소클럽〉과 〈개그사냥〉을 했던 여자, 〈스펀지〉와 〈뮤직뱅크〉를 하다가 온 여자, 히트작 하나 없는데 애가 둘이나 있다고? 저 아줌마에게 우리를 맡기다니, KBS가 우리를 버린 건가?

이후 하나둘씩 면담 신청이 들어왔어. 다들 하는 말이 똑같았어. 〈개그콘서트〉를 그만두고 종편으로 옮기고 싶대. 나가겠다는 사람을 다 붙잡을 수도 없고, 그렇다고 넋 놓고 가만히 있을 수도 없고.

나는 종이 위에 개그맨들 이름을 쭉 써봤어. 박성호, 김대희, 김준호, 이수근, 김병만……. 이들 중 이수근과 김병만은 놓아줄 수밖에 없었어. 이미 너무 커버려서 〈개그콘서트〉가 이들을 감당할 능력이 없었으니까. 누가 봐도 더 큰물에 가서 놀아야 할 사람들이었지. 나는 그저 부탁을 했어. 김병만에게는 '달인'을 대체할 새 코너가 나올 때까지만 있어 달라고 부탁했어. '달인'은 4년째 하고 있는데도 여전히 〈개그콘서트〉의 간판 코너였지. 이수근한테는 당분간 녹화 때만이라도 와서 '봉숭아 학당'의 선생님 역할을 계속해달라고 부탁했어. 고맙게도 두 사람 다 다른 방송을 병행하면서 몇 달을 그렇게 버텨주었어.

그럼 나머지 개그맨들은 어떻게 해야 할까? 나는 가장 고참인 박성호, 김대희, 김준호를 잡아야겠다고 생각했어. 이 세 명이 남아야 나머지 후배들도 흔들리지 않을 테니까. 하지만 당시 이들은 스스로 〈개그콘서트〉를 너무 오래했다고 생각하고 있는 중이었어. 새로운 기회를 찾아 가는 게 후배들과 프로그램을 위해서라도 좋을 거라고 생각한 거지. 그들의 말도 이해되지만, 내 입장에선 붙들 수밖에 없었어.

나는 센 척했어. 가지 마라. 뭐 그런 이유로 가냐. 거기 가도 여기랑 똑같다. 여기서 안 나오는 아이디어가 거기 간다고 나오겠냐. 돈? 내가 출연료 두 배로 올려주겠다. 나랑 1년만 해보자. 1년 뒤에도 가고 싶다면 그땐 보내주겠다. 이걸로는 약한 것 같아서 과하게 양념도 쳤어. "너희들 나랑 1년만 〈개그콘서트〉 하면 그 안에 CF 찍게 될 거야. 내가 보장할 수 있어!"

내가 뭔 생각으로 이런 소리를 했을까? 다들 피식피식 웃었어. 말이 안 되니까. 누가 들어도 심한 뻥이었지.

그런데 이런 뻥도 진심만 있으면 통하나 봐. 내가 그들을 얼마나 절실히 필요로 하는지 마음이 담겨 있으니까. 나는 당장 국장님한테 가서 출연료를 올려달라고 강하게 요구했어. 그리고 다시 세 사람을 불러서 출연료를 두 배로 올렸으니 두 배로 잘해야 한다고 으름장을 놓았지. 계약서에 출연 횟수도 넣어서 매주 출연을 보장했어. 이걸로 이 세 사람을 꼼짝없이 붙잡았어. 1년이 뭐야, 내가 〈개그콘서트〉를 그만둔 2013년까지도, 그 이후로도 한참을 더, 지금까지도 〈개그콘서트〉와 함께하고 있어.

"사람만 잘 붙들면 돼.
필요한 사람을 붙들어서 있어야 할 자리에 앉혀놓으면,
그다음은 믿고 기다리기만 하면 돼."

그다음부터는 내가 한 일이 별로 없어. 고참 세 명을 꽉 붙들어두니까 밑의 기수들도 마음을 고쳐먹고 방송에 집중해줬어. 후배 개그맨들에게 바라볼 수 있는 선배가 있다는 건 대단한 힘이 되지. 미래가 보이지 않는 조직에 누가 청춘을 바치려 하겠어. 이 세 명은 〈개그콘서트〉의 상징이야. 1999년 프로그램이 처음 시작될 때 막내로 들어와 평생을 〈개그콘서트〉와 함께한 사람들이지. 이런 사람들이 버텨주고 있다는 건 후배들에겐 어마어마한 위안이고 신뢰이고 목표였던 거야.

나는 〈개그콘서트〉를 하는 내내 이 세 사람에게 힘을 실어주려고 애를 썼어.

박성호는 아이디어를 가지고 오면 무조건 녹화를 뜨게 했어. 후배들에게 밀려서 자꾸 잘리면 리더십이 서지 않을 테니까. 박성호는 정말 내가 너무 좋아하는 개그맨이야. 그는 남들이 감히 상상하지도 못하는 생각들을 해내어 개그로 실현시키지. 나는 후배들이 짜오는 다소 유치할 수 있는 코너에 그를 투입시켰어. 시작은 '꽃미남 경찰서'였어. 패션을 중요시하는 경찰들이 수사보다 패션 아이템 및 쇼핑 목록에 더 신경 쓴다는 콘셉트인데, 그동안 어딘지 유치해서 통과되지 않았거든. 그런데 박성호가 들어가자 무게중심이 생기면서 코너가 날개를 달게 되었어. 이후 '사마귀 유치원', '멘붕스쿨'에서도 모두 마지막에 등장해서 큰 재미를 선사했지. 그렇게 박성호는 모든 코너의 대미를 장식하는 화룡점정 같은 선배 개그맨이 되었어.

김준호와 김대희는 〈개그콘서트〉의 핵이라고 할 수 있어. 두 사람은 〈개그콘서트〉의 발전과 개그맨 후배를 위한 일에 늘 앞장서는 멋진 친구들이지. 이들은 버라이어티쇼나 다른 장르의 프로그램에서도 꾸준히 섭외를 받지만 언제나 〈개그콘서트〉를 우선순위에 두고 있어. 후배들이 안정된 환경 속에서 일할 수 있도록 회사를 만들고 콘텐츠 사업도 하고, 나중에는 부산국제코미디페스티벌까지 기획해냈지. 물론 그 과정이 쉽고 순탄하지만은 않았어. 하지만 나는 이 둘이 있는 한 〈개그콘서트〉는 흔들리지 않을 것이라 믿어. 나도 늘 응원할 거야.

그런데 말이야, 나의 그 허무맹랑했던 약속이 현실이 되었어. 2012년 김준호, 김대희, 박성호는 물론이고 웬만한 코너의 출연자들이 다 CF를 찍은 거야. 그것도 개그맨들이 주로 하던 치킨이나 빙과류에 머물지 않고 식품, 생활용품, 가구, 대형 마트, 통신사, 공익광고에 이르기까지 다양한 분야의 광고 모델이 되었어. 이건 굉장히 의미 있는 변화야. 국민들이 개그맨을 신뢰할 수 있는 집단으로 인식하고 있음을 보여준 것이니까. 특히 김준현과 신보라는 톱스타를 능가하는 광고계의 블루칩으로 떠올랐어.

이후로 나는 개콘을 떠나 CP가 되어 새로운 프로그램도 만들고, 〈1박 2일 시즌3〉처럼 기존의 프로그램을 회생시키는 일도 맡았어. 방법은 다 같아. 사람을 잘 붙들면 돼. 필요한 사람을 붙들어서 있어야 할 자리에 앉혀놓으면, 그다음은 믿고 기다리기만 하면 돼.

예능 PD가 뭐하는 사람이냐는 질문을 받을 때면 나는 항상 '판을 짜는 사람'이라고 대답해. 아이디어가 생기면 멍석을 깔고, 필요한 사람들을 그 멍석으로 초대하는 게 PD야. 모아보면 보여. 무뚝뚝한 사람, 싱거운 사람, 재미를 주는 사람, 갈등을 만드는 사람, 갈등을 해결하는 사람 등 각자의 개성이 드러나지. PD가 할 일은 이들을 최대한 편안하게 해주며 즐겁게 놀 수 있게 하는 거야. 결코 쉽지 않은 일이지. 하지만 판을 잘 짜고 그들을 믿고 지켜보면, 어느새 그들도 놀고, 나도 같이 놀게 되지.

조선희   아주 추운 겨울날이었을 거야. 수민이 네가 김준호, 김대희, 박성호와 함께 우리 스튜디오에 와서 〈개그콘서트〉 화보를 찍었어. 그날 분위기가 좀 묘했어. 뜨거운 차로 몸을 녹이고 화기애애하게 찍긴 했는데, 뭔가 불안했어. 뭐랄까, 너무 고분고분한 느낌? 네 얘기를 듣고 보니 아마 개그맨들이 떠날까 말까 갈팡질팡하고 있었던 때였나 봐. 예리하다고? 그럼, 그냥은 볼 수 없지만 프레임 속에 넣으면 다 보여. 카메라 렌즈는 거짓말 안 하거든.

지난 20년간 수없이 많은 촬영을 했지만, 나 역시 가장 어려운 게 사람이야. 커머셜 사진을 찍기 위해서는 많은 사람이 필요해. 작가와 모델 외에도 세트 연출, 소품, 메이크업, 헤어, 의상 등 정말 많은 인력이 투입되지. 모델이 톱스타인 경우 매니저와 전속 코디네이터가 따라오기도 하고, 소속사 간부까지 와서 이런저런 주문을 해. 여기에 에디터, 광고주, 광고대행사의 관계자, 아트디렉터까지 등장하면 누가 누군지도 구별조차 안 되는 혼돈이 벌어져.

그래서 나는 촬영하기 전에 내 위치부터 파악하려고 해. 내가 지시를 내릴 수 있는 사람은 누구일까, 직접 결정할 수 있는 사항은 무엇이고 협의해야 할 사항은 뭐가 있을까, 어디까지 절충하고 어디까지 고집을 부려야 할까. 내 역량이 100이라고 했을 때 클라이언트가 바라는 정도가 80이라면 그때는 80만 하는 게 현명하니까.

더 중요한 건 내게 사람을 선택할 기회가 주어졌을 때 내가 원하는 사람을 부를 수 있어야 한다는 거야. 조선희가 전화하면 바쁜 스케줄을 뒤로 하고 언제든 달려와줄 헤어, 메이크업, 의상 전문가가 꼭 있어야 해.

오래전 일인데, 정말 실력 있는 헤어스타일리스트가 있었어. 두 번 정도 같이 촬영했는데, 내가 이렇게 저렇게 주문하면 찰떡같이 알아듣고 그걸 구현해줬어. 이게 쉬운 일이 아니거든. 아무리 자세히 설명해도 서로 머릿속에 그리는 이미지가 다르기 때문에 몇 번이나 수정하는 게 일반적이야. 그런데 그녀는 마치 내 머릿속에 드나든 사람처럼 척척 알아서 해줬어.

하지만 이후로 내가 그녀를 필요로 할 때마다 거절당했어. 스케줄이 맞지 않거나 다른 일이 잡혀 있대. 그러다가 어찌어찌해서 함께 해외로 촬영을 나가게 되었어. 내가 아니라 잡지사에서 그녀를 섭외했지. 6박 7일의 일정을 끝내고 마지막 날 다 같이 술을 마시는데, 그녀가 말했어. 그동안 미안했다고. 나를 오해해서 나와 일하는 걸 일부러 피했다는 거야. 보자마자 반말을 하고, 모든 걸 자기 마음대로 휘두르려고 해서 절대 상종하지 않기로 마음먹었었대. 나 정말 많이 놀랐어. 나에 대한 반감이 나와 일하기를 거부하는 상황으로 이어진다는 사실을 그날 처음 알았어. 이러다가는 정말 능력 있는 사람들이 필요할 때 그 사람들이 나한테 와주지 않을 수도 있겠구나, 위기감을 느꼈어.

그러므로 사람을 붙들기 위해서는 나 자신부터 잘 붙들어야 해. 나의 역량, 인성, 리더십. 이런 것들이 잘 갖춰져야 사람도 붙들 수 있어. 김준호, 김대희, 박성호가 남은 것은 결코 두 배의 출연료나 광고 때문이 아닐 거야. 너의 역량과 리더십을 믿었기 때문이라고 생각해.

쉽게 만족하지 말라

조선희   한동안 내가 인물 사진 잘 찍는 작가로 조금 이름을 알렸다고 했지? 1996년부터 1998년 사이, 정말 많은 인물 사진을 찍었어.

그때 내가 찍는 인물 사진은 뭔가 다르다는 말을 많이 들었어. 편안한 표정에 살아 있는 눈빛, 무엇보다 단 한 장의 사진으로 그 사람의 인생과 가치관이 고스란히 드러난다는 평가를 많이 들었지. 그때는 그냥 내가 잘 찍어서 그런 줄 알았어. 한참이 지나서야 알았어. 내 사진이 달랐던 건 나의 태도가 달랐기 때문이라는 걸.

현 《지큐》의 편집장이자 당시 《보그Vogue》의 차장이었던 이충걸 씨와 처음 인터뷰를 갔던 날이 기억나. 인터뷰 상대가 김수현 작가라고 해서 굉장히 긴장했어. 약속 시간은 아마 오전 10~11시쯤이었을 거야. 인터뷰는 작가의 자택에서 진행되었어.

그런데 그 인터뷰가 무려 7시간이나 계속되었어. 오후 늦게야 끝이 난 거지. 이충걸 씨가 워낙 예리하고 섬세한 분이어서 던지는 질문도 범상치 않았고, 또 이것을 받아치는 김수현 작가도 만만치 않았어. 서로 통한다고 느낀 순간, 대단한 가르침이라고 느낀 순간, 또 눈물이 핑 돌 정도로 안쓰러운 순간도 있었어. 주로 이충걸 씨가 질문했지만, 옆에서 나도 궁금한 걸 묻기도 했어. 그렇게 장장 7시간의 인터뷰를 마친 후 사진 찍고 나오는데, 김수현 작가가 내게 뭔가를 내밀었어.

"사진기자가 인터뷰 내내 같이 있는 건 처음이네. 선물이니까 받아요."

그건 내 벌이로는 절대로 살 수 없는 고급 위스키였어.

골목길에서 이충걸 씨가 내게 물었어.

"너는 왜 지금까지 여기 있었니?"

내가 질문의 뜻을 이해 못해서 "예?" 하고 반문하니 다시 물었어.

"사진만 찍고 가면 될 텐데, 왜 지금까지 같이 있었니?"

"같이 왔으니까 끝까지 같이 있어야지요. 왜요?"

"아, 너는 그런 아이구나."

나중에야 알았어. 다른 사진작가들은 인터뷰 중간에 와서 사진만 찍고 간다는 것을. 어떻게 피사체에 대해서 아무것도 모르는 상태로 사진을 찍을 수 있지? 통성명만 하고 곧바로 렌즈를 들이대다니, 너무 무례하지 않나? 모르겠어. 그들에게는 그들만의 방식이 있을 수 있겠지. 하지만 나는 그렇게 찍을 수 없었어. 생명이 아닌 물체나 풍경을 찍을 때도 그것을 이해하고 해석하는 시간이 필요한 법인데, 이건 사람을 찍는 거잖아. 내가 그 사람을 알아야 하고, 내 카메라 앞에서 그 사람이 편안해할 수 있을 만큼의 시간이 필요해. 사진은 스킨십과 같은 거야. 더 많이 알고 친밀할수록 더 좋은 사진이 나와.

"사진은 쉽게 만족하지 말라고,
이 정도면 충분하다는 생각이 들 때가 가장 위험한 거라고."

이후로 이충걸 씨와 수십 명을 만나러 다녔어. 그때마다 나는 처음부터 끝까지 함께 있었어. 서정주 시인을 만나러 갔을 때는 인터뷰와 촬영이 다 끝나고 난 뒤 선생님이 아내와 함께 있는 사진을 한 장 찍어달라고 하셨어. 그래서 대문까지 걸어 나와서 두 분이 나란히 손을 잡고 서 있는 모습을 찍었어. 한국 최고의 서정시인이라는 명성을 내려놓고 그저 남편으로서 소박하게 아내의 손을 잡고 있는 모습을 내 카메라에 담을 수 있었지. 인터뷰가 끝날 때까지 같이 있지 않았다면 이런 사진을 찍을 기회는 없었을 거야.

고故 최진실 씨를 찍을 때는 무려 나흘이 걸렸어. 그녀가 너무 바빠서 내가 영화 촬영 현장에 가서 죽치고 기다리다가 틈날 때마다

이야기를 나누며 사진을 찍었어.

바이올리니스트 정경화 씨의 사진을 찍은 것도 잊을 수 없어. 연주회가 시작되기 몇 시간 전이었는데, 너무 예민한 때라서 인터뷰도 촬영도 할 수 없다고 단호하게 거절하셨어. 기자가 몇 마디만 나누자고 통사정을 하는데도 안 된다고 하는 거야. 나는 사진만이라도 찍게 해달라고 부탁했어. 인터뷰는 서면으로 대체하기로 했는데, 사진은 그럴 수 없잖아. 아무 말도 안 하고 조용히 지켜볼 테니 30분만 분장실에 있게 해달라고 사정해서 겨우 허락을 받았어. 한 평도 채 안 되는 작은 공간에 들어가서 숨을 죽이고 정경화 씨를 지켜봤어. 그러다가 거울 속에 비친, 홀로 메이크업을 하고 있는 그녀의 모습을 향해 나도 모르게 셔터를 눌렀어. 그 사진은 지금 봐도 좋아. 내가 아주 아끼는 사진이야.

좀 바보 같았던 거지. 나는 잡지에 실리는 사진의 컷 수에 따라 돈을 버는 사람인데, 인터뷰에 그렇게 많은 시간을 들이고 많은 필름을 소모하면 남는 게 별로 없어. 하지만 나 정말 행복했어. 대한민국의 내로라하는 분들을 만나서 그들이 사는 이야기, 직업에 대한 생각이나 가치관 등을 듣는 것만으로도 가슴이 벅찼어. 게다가 그들의 진솔한 모습을 다른 누구도 아닌 나의 카메라로 담을 수 있다는 게 너무 좋았어. 사진을 사랑하는 사람이라면 돈을 들여서라도 기꺼이 하고 싶을 거야.

결국 내가 찍은 인물 사진이 달랐던 건 내가 기술이 뛰어나서도 예술성이 뛰어나서도 아니야. 그건 시간과 태도의 차이였어. 나의 피사체에 내가 쏟은 시간, 애정, 기다림. 그런 것들이 내 사진을 다르게 만들어준 거야.

이런 태도의 차이가 얼마나 큰 차이를 만드는지 곳곳에서 그 증거를 봐. 배우, 가수, 모델, 개그맨 등 어느 분야를 막론하고 성공한 사람은 태도가 달라. 쉽게 만족하고 빨리 끝내려고 하는 사람은 반짝 인기를 누리긴 하지만 오래가지는 못해. 효율성보다는 디테일에 매달리고, 보이는 것에만 치중하기보다 보이지 않는 것까지 채우려는 그 노력이 큰 차이를 만드는 거지.

가끔 배우들 중에는 신인 때는 어떻게든 좋은 사진을 남기려고 긴 시간을 들여가며 애를 쓰더니, 인기를 얻은 후에는 편하게 빨리 끝내기를 바라는 사람이 있어. "누나, 그런 것까지 꼭 찍어야 해?", "언니, 제발 쉽게 가자", "그거 알아? 언니가 제일 많이 찍어!"라고 말하면 나는 답답함보다는 묘한 슬픔을 느껴. 그들이 잃어버린 열정에 대한 아쉬움, 초심에 대한 그리움 때문이야. 이럴 때는 조심스럽게 나 혼자 다짐하지. 아직은 쉽게 만족하지 말자고. 충분하다는 생각이 들 때가 가장 위험한 거라고.

요즘 드는 생각이 있어. 지난 20년 동안 하나부터 끝까지 세세하게 연출해야 하는 커머셜 사진만 찍다 보니 가끔은 오래전 그때처럼 피사체를 꾸미지 않은 모습 그대로 찍고 싶은 욕구를 느껴. 화장기도 없고, 연출된 헤어스타일이나 화려한 패션도 없는, 그냥 자연인 그대로의 그들의 모습을 담아보고 싶어. 아마 나에게도 큰 자극이 될 거야.

잘 버려야 남는다

서수민 〈개그콘서트〉를 맡은 지 6개월 정도 지났을 무렵, 결심을 했어. 바로 '봉숭아 학당'을 폐지한 거야.

많은 비난을 받았어. 〈개그콘서트〉에서 '봉숭아 학당'은 70분 방송 중에 20분가량을 차지하는 메인 코너였거든. 그걸 폐지한다는 건 너무 큰 모험이었어. 많은 반대를 무릅써야 했지.

사실 나도 폐지하고 싶지 않았어. 〈개그콘서트〉의 대표 캐릭터를 줄줄이 탄생시킨 코너를 내 손으로 죽이다니. '곤잘레스' 송중근, '세뇨리따' 김지호, '행복전도사' 최효종, 사회 비판 발언의 '동혁이 형' 장동혁, '출산드라' 김현숙, '~하고 있는데'의 허경환, '세바스찬' 임혁필 등등 이루 다 나열할 수 없을 정도의 캐릭터가 여기서 탄생했어. 그래서 어떻게든 갖고 가려고 노력했어. 오직 '봉숭아 학당'을 위해 개그맨이랑 작가들이 모여서 회의도 하고 다양한 캐릭터 개발도 몇 달간 시도했어.

그런데 잘 안 됐어. 너무 오래된 틀이라서 그런지, 아무리 새로운 캐릭터를 만들어도 반복에 불과했어. 게다가 '봉숭아 학당'의 분량이 20분이나 되어서 시청률이 계속 떨어졌어. 분당 그래프를 확인해보니 그랬어. 시청자들이 '봉숭아 학당'이 시작되면 '아 이제 개콘 끝났구나!' 하면서 채널을 돌려버렸던 거지. 결국 선생님이었던 이수근이 떠나면서 교실도 문을 닫는 것으로 끝을 맺었어.

밖에서는 우려와 비난이 있었지만 우리에겐 이게 해방이었어. 여기에 달라붙어 있던 PD와 작가, 개그맨들이 한꺼번에 쏟아져 나와서 새로운 코너를 개발하기 시작했거든. '애정남', '비상대책위원회', '네 가지' 등이 모두 '봉숭아 학당'에 매여 있던 사람들이 만들어낸 거야. 분량이 많은 코너가 사라지니 새 코너 네 개 정도가 들어갈 자리가 생겨났어. 그때부터 시청률도 좋아졌어. '봉숭아 학당'을 버리니 마치 젊은 피가 수혈된 것처럼 활기가 넘쳤어.

몇 년 후 CP가 되어 〈1박 2일 시즌3〉을 맡았을 때도 나는 비슷한 선택을 했어. 회사에서 〈1박 2일 시즌3〉에 거는 기대는 의외로 대단했어. 예산을 얼마를 쓰건 강호동과 이수근, 이승기를 대체할 만한 막강 스타를 출연시켜서 KBS 간판 프로그램으로서의 자존심을 회복하고 우리가 아직 안 죽었다는 걸 보여주자! 이런 기대들이 넘쳐

났지.

국장님이 나에게 이 프로그램을 맡긴 이유도 사실 내가 적임자여서라기보다는 흥행을 위해서였어. 국민 예능 〈1박 2일〉이 인기가 떨어진 이유는 강력한 PD 캐릭터가 없어서라고 생각했고, 그래서 〈개그콘서트〉로 이름이 알려진 나를 PD로 내세우면 화제가 되리라고 생각한 거였어.

나는 어떻게든 빠져나가려고 머리를 굴렸어. 〈1박 2일〉 PD는 TV에 얼굴을 내밀 수밖에 없는데, 내가 출연하는 게 프로그램의 성공에 도움이 될 리도 없고, 또 나는 정말 싫었거든. 그래서 유호진 PD를 생각해냈어. 그는 강호동의 〈1박 2일〉 시절에 조연출 첫날 '몰래카메라'를 당했던 역사를 갖고 있지. 위에서는 아직 경력이 부족해서 안 된다고 했어. 2~3년쯤 더 조연출을 해야 입봉할 수 있는 기수였거든. 하지만 내가 열심히 설득해서 어렵게 허락을 받아냈어.

"가졌던 것에 대한 미련, 아쉬움, 집착을 버려야 해.
자신의 처지를 그대로 인정하고 거기서부터 다시 시작해야겠지."

물론 가장 어려웠던 건 유호진 PD를 설득하는 일이었어. 다른 사람과 달리 그는 이른 시기에 메인 PD가 되는 것을 좋아하지 않았어. 왜, 굳이, 내가, 지금? 이런 분위기였어. 그럴수록 나는 그가 적임자라고 생각했어. 쓸데없는 욕심을 앞세우지 않는 겸손함이 오히려 호감을 주었거든. 비록 체력은 약하지만 유호진 PD라면 진심을 담아 〈1박 2일〉을 멋지게 만들어낼 것이라 믿었어.

그런데 막상 일을 시작해보니, 걱정이 현실이 되었어. 우리가 진짜로 죽었더라. 조연출을 구하는 것도 어려웠고, 톱스타건 누구건 〈1박 2일〉이라니까 다들 피하기만 했어. 팀을 구성하는 게 그렇게 힘든 적이 없었어. 어찌어찌해서 한류 스타 남자배우를 캐스팅하는 데 성공했는데, 결국 출연을 번복했어. 심지어 내 사람이라 믿었던 김준현까지도 촬영 하루 전날 출연을 못 하겠다고 하더군. 당시 신혼이기도 했고, 기획사와 소통이 잘 안 된 탓도 있지만, 정말 망했다 싶더라고.

결국 차태현, 김주혁, 김종민, 데프콘, 정준영, 그리고 김준현을 대신해서 김준호를 뒤늦게 합류시켰어. 한 명 한 명 정말 업어주고 싶을 만큼 고마웠어. 하지만 떠들썩했던 섭외 과정과 대대적 홍보에 비해서는 많이 약했지. 이런 사람들을 데리고 뭘 할 거냐고 내부에서도 걱정이 많았어.

그때부터 완전히 다른 방식으로 접근했어. 우리가 이미 죽었다는 걸, 별 볼 일 없다는 걸 받아들이기로 했어. 그게 통했어. '잘남'과 '떠들썩함'을 버리고 찌질한 모드로 프로그램을 만드니까, 처음에는 "어디, 잘하나 보겠어!" 하며 팔짱을 끼고 보던 시청자들이 나중에는 "잘해라, 잘해!" 하며 응원하기 시작한 거야. 현장에서 이 포인트를 눈치챈 차태현 씨가 분위기를 연출하기 시작했어. 첫 녹화 오프닝에서 그가 "이게 다야? 망했다!" 하며 촬영을 시작했지. 믿음이 없는 현장과 몰래 카메라를 당했던 신입 PD의 만남은 위태로워 보였어. 그런데 이게 시청 포인트가 되었어. 아울러 유호진 PD의 따뜻한 연출력이 빛을 발휘했어. 억지 웃음, 과장, 과시를 뺀 자리에 진심을 가져다놓은 결과였지.

사람들이 망해가는 프로그램을 부활시키는 방법이 무엇이냐고 물을 때마다 나는 이렇게 대답해. 부활시킬 생각을 하지 말라고. 오히려 그 프로그램이 갖고 있던 가장 소중한 것을 내려놓는 것에서부터 출발하라고. 〈개그콘서트〉가 '봉숭아 학당'을 버리고 새 출발을 한 것처럼 〈1박 2일〉은 과거의 자존심을 버림으로써 날아오를 수 있었어. 인생도 마찬가지일 거야. 가졌던 것에 대한 미련, 아쉬움, 집착을 버려야 해. 이런 건 아무 소용이 없어. 자신의 처지를 그대로 인정하고 거기서부터 다시 시작해야겠지.

하나를 놓아야
다른 하나를 얻는다

📷

조선희 인터뷰 사진으로 인지도를 얻은 것까진 좋았어. 그런데 고민
이 생겼어. 들어오는 일이 죄다 인터뷰 사진인 거야.《보그》와《엘
르Elle》에 인물 사진을 숱하게 찍어줬지만 화보 찍을 기회는 주지 않
았어. 왜일까? 곰곰이 생각해봤어. 그거였어. '인물 사진 잘 찍는
조선희.' 업계에 그렇게 인식이 되다 보니 그런 일만 들어오는 거
였어.

주변 사람들한테 이런 고민을 말했더니 배부른 소리 한다며 나무
라더군. 그게 뭐든 잘한다고 인정받은 것만으로 대단한 거 아니냐
고. 하지만 '인물 사진 잘 찍는 조선희'라는 말이 내 귀에는 '인물 사
진만 잘 찍는 조선희'로 들렸어. 해보지도 않고 그렇게 낙인찍히는
건 억울하잖아. 고작 스물여덟, 나는 패션, 광고, 영화 등 장르를 불

문하고 모든 일을 다 해보고 싶었어. 인터뷰 사진만 찍으면서 마흔이 되고 쉰이 된다면 너무 억울할 것 같았어.

그때가 스튜디오를 연 시기와 맞물렸을 거야. 결단을 내려야 했어. 잡지사에 전화해서 당분간 인물 사진 작업을 중단하겠다, 화보 작업을 할 수 있게 도와달라고 부탁했어. 반응이 좋지 않았어. 대부분 이러더군.

"조선희, 너 좀 컸다고 이러기야?"

"너한테 어떻게 갑자기 화보를 맡겨?"

"당분간 우리 것만 해주면 안 돼?"

말이 얼마나 초라한 도구인지를 그때 절실히 느꼈어. 나는 충분히 설명했다고 생각했는데, 그들은 이해하지 못했어. 늘 부딪치면서 언니 동생, 선후배로 지내온 사람들인데도 나의 말을 이해해주지 못했어. 그렇다면 누가 이해할 수 있을까? 내가 너무 서두른 걸까?

이후로 몇몇 잡지사로부터 연락이 뚝 끊겼어. 그 생각을 하면 아직도 서운해. 어린 나이에 뭔가 한번 바꿔보겠다고 애쓰는데, 그걸 이해해주는 게 그리 어렵나? 시간이 지나면서 서서히 다시 의뢰가 들어왔지만, 5년 넘게 전화 한 통 없던 잡지사도 있어.

'인물 사진 잘 찍는 조선희'라는 타이틀을 버리는 바람에 수입도 줄고 인간적으로 상처도 받는 등 몇 개월을 힘들게 보냈어. 하지만 후회하지 않아. 그렇게 결단하지 않았다면 아직도 나는 인터뷰 사진만 찍고 있었을 거야. 그랬다면 그 나이에 할 수 있었던 재기 발랄한 작업들을 못했을 테니까.

"여물 때까지 기다렸다가 시작하는 사람은 아무도 없어.
실수하고 고쳐가면서 성장하는 것이지."

내 스승인 김중만 선생님도 그렇게 하셨어. 30년을 넘게 커머셜 사진작가로 이루어낸 부와 명예, 인맥, 노하우, 이런 것들을 다 버리고 순수 사진만 하겠다고 선언하셨어. 때문에 수입이 10분의 1로 줄었다고 하는데, 그래도 후회하지 않고 생활 규모를 줄이면서 계속 순수 사진 작업을 하고 계셔.

인생이 짧다고 말하지만 결코 짧지 않아. 지금 당장도 중요하지만, 끊임없이 미래에 대해 고민하고 설계해야 해. 내가 지금 갖고 있는 것들, 내가 지금 하고 있는 일이 5년 뒤, 10년 뒤에도 여전히 소중할까? 그때가 되어도 지금 하는 일을 계속 반복하며 살고 싶을까? 이런 질문에 '노'라고 대답할 수밖에 없다면, 준비를 해야 해. 버리고 새로운 것을 시작해야 해. 하나를 버리고 새로이 하나를 얻기 위한 준비 기간이 바로 '지금'일지도 몰라.

한 가지 더. 지금 우리는 40대를 넘어 50대로 향하고 있잖아. 이제 각자의 분야에서 인정을 받았고, 어느 정도 힘을 발휘할 수 있는 위치에 있어. 만약 어떤 어린 친구가 더 높은 곳에 오르기 위해 기를 쓰고 있다면, 우린 절대로 외면하지 말자. 내가 그렇게 외면당해 보았기 때문에 그게 얼마나 서러운지 잘 알아. 정말 뼛속까지 사무쳐.

그래서 나는 내가 인물 사진 작업 중단을 선언한 이후 처음으로 화보 일을 맡겨준 선배를 잊지 못해. 《엘르》의 기자 언니였는데, 불안해하면서도 한번 해보라고 시원하게 밀어줬어. 그런데 그때 내가 너무 욕심을 부리다가 망쳤어. 사진마다 같은 의자가 등장하는 콘셉트의 6쪽짜리 화보였는데, 디테일을 놓치는 바람에 완성도가 떨어졌어. 머릿속 이미지를 구현해낼 만큼 내 실력이 여물지 못했던 거지. 그때 언니가 조심스럽게 말했어.

"선희야, 이거 그냥 내보내도 되겠어? 처음 찍는 화보인데 좀 더 완성도 있게 나가는 게 좋지 않을까?"

언니의 조언에 따라 재촬영을 했어. 그런데 재촬영한 사진도 마음에 들지 않았어. 얼마 전에 우연히 그 사진들을 다시 봤는데, 정말 후지더라. 내 역량이 부족했던 거지.

그래도 그 언니 덕분에 기회를 얻었고, 그것을 발판으로 '인물 사진 잘 찍는 조선희'에 머물지 않고 패션 사진 분야에서 활동할 수 있게 되었어. 중요한 건 그거야. 좀 어설프더라도 시작하는 거야. 여물 때까지 기다렸다가 시작하는 사람은 아무도 없어. 실수하고 고쳐가면서 성장하는 것이지.

'하나를 버려야 하나를 얻는다.' 사실 지금 내가 그것을 경험하고 있어. KBS를 그만둘 때만 해도 나는 내가 뭔가를 버리고 있다는 생각을 하지 못했어. 지금까지 해온 것들을 발판으로 새로운 걸 시작하는 거라고 생각했지. 막상 나와 보니 그게 아니었어. 내가 갖고 있던 권한, 인맥, 시스템, 이런 것들은 내가 KBS의 서수민 PD일 때에만 통하는 거였어. 그곳을 나온 후의 나는 그저 새로운 프로덕션을 시작하는 PD 출신의 한 개인인 거지.

밖에 나와 보니 알겠어. 힘을 지닌 조직에서 일한다는 게 얼마나 든든한 건지. 지난 20년 동안 나는 그 안에서 엄청 거칠게 다뤄지고 험난한 세월을 보냈다고 생각했는데, 그게 아니었어. 오히려 KBS가 나의 보호막이 되어주었던 거야. 밖은 파도가 밀려오고 상처가 출몰하는 바다인데, 나는 가두리 양식장에 갇혀 있었던 거지.

지금까지 익숙했던 시스템을 버리고, 현재 내가 처한 환경에 맞는 새로운 시스템을 만들고 있어. 어떻게든 이 생태계에서 살아남아야 하니까.

일을 할 때, 우리는 본능적으로 내가 갖고 있는 것에서 무엇을 이용할 수 있을지를 생각하지. 나도 그랬어. 내가 아는 방식, 아는 시스템과 인맥을 통해 접근하려고 하고, 실제로 그로 인해 도움도 많이 받았어. 하지만 밖으로 나오고부터는 거꾸로 접근해보고 있어.

지금까지와는 다른 방식, 이제껏 하지 않았던 방식으로. 시간이 더 많이 걸리고 진행도 더디지만 의외의 발견을 하기도 해.

회사를 옮기고 나서 실행하고 있는 게 하나 있어. 바로 '안 하던 짓 하기'야. 화장하기, 액세서리 하기, 아침마다 셀피 찍기, 짧게라도 운동하기, 대안 언론 후원하기, 아침에 신문 읽기, 상대를 무조건 칭찬하기, 남 원망 않기, 성공한 사람의 자서전 읽기. 얼마 전에는 알리바바닷컴의 마윈 회장의 책을 읽었어. 거기에 세대별 성공전략이라는 게 나오는데, 30대에겐 "명확하게 생각하고 본인을 위해 일해라", 40대에겐 "본인이 잘하는 일에 전념하라, 새로운 일을 시작하기엔 늦었다"란 말을 하더라. 이 말에 난 하나를 더 추가하고 싶어. "본인이 잘하는 일을 찾았다면 그 일이 더 새로워질 수 있도록 노력해라. 그럼 더 잘하는 것이 될 것이다"라고.

말하기보다
듣는 사람이 되라

서수민 〈개그콘서트〉에서 새로운 코너를 만들 때 PD의 역할은 크지 않아. 나의 경우 처음엔 키워드만 던지는 편이야. 예를 들어 사극이 없으니까 하나 만들자, 남녀관계 개그를 추가하자, 정치 풍자가 없으니 해보자, 음악 개그를 해보자 등등. 그럼 개그맨들이 그 키워드를 가지고 몇 명씩 합심해서 코너를 짜왔어.

매주 목요일에 우리는 그렇게 짜온 코너를 선보이는 일종의 공개 오디션을 열었어. 한 팀이 발표를 하고 나면 개그맨, 작가, PD 들이 모두 의견을 더해서 어떤 건 떨어뜨리고 어떤 건 여러 번 보완을 하지. 그렇게 해서 완성도를 높인 후 공개녹화 날 무대 위에 올리는 거야. 그때 관객 반응이 빵 터지면 방송에 내보내는 거지. 이게 〈개그콘서트〉의 일반적인 제작 시스템이야.

그런데 내가 처음 공개 오디션에 갔을 때 이상한 점이 있었어. 오디션 때 개그맨들이 발표를 하고 나면 같이 의견을 교환해야 하잖아. 이런저런 질문도 하고, 단점도 지적하고, 토론도 해야 하고. 그런데 내가 "이건 왜 이렇게 했니?", "너의 의도는 뭐야?" 하고 질문을 하면 개그맨들이 고개를 푹 숙이고 "죄송합니다" 하는 거야. "뭐가 죄송해?" 하면 또 "죄송합니다" 그래. 어떤 개그맨은 이름만 불러도 화들짝 놀라며 "죄송합니다" 했어.

내가 무서워서 그러나? 나는 그저 의견을 나누고 싶었어. 그런데 개그맨들은 내가 혼을 낸다고 생각하는 거였어. 아니다, 나는 너희들의 생각을 알고 싶은 거다, 말을 해봐라 하며 몇 달을 말을 걸었어.

어느 날 정태호가 다가와서 조심스럽게 말했어. 그렇게 자꾸 안 물어봤으면 좋겠다, 우리는 위에서 하라는 대로 하는 데에 익숙하다, 재미없으면 재미없다, 재미있으면 통과다, 그렇게 두 가지 말만 해달라, 자꾸 물어보니까 힘들다.

난감했어. 지난 10년간 쭉 그런 시스템으로 운영이 되어온 거야. 개그맨은 발표하고 PD는 결정하고. 그게 효율적일 수도 있지만, 내가 원하는 〈개그콘서트〉의 모습은 아니었어. 나는 비판과 지적, 칭찬과 응원이 난무한, 자유로운 토론의 분위기를 원했어. 우리는 사람들을 웃기기 위해 모인 집단이잖아. 세상에서 가장 오만 방자하고 체제 전복적인 집단이 되어야 하는데, 그런 갑갑한 틀에 갇혀 있을 수는 없다고 생각했어.

그래서 정태호에게 말했어. 나는 앞으로도 계속 너희에게 물을 거다, 너희 개그는 100퍼센트 너희 것이다, 주인의식을 가지고 마음껏 변호해라, 그래야 더 탄탄해진다.

그렇게 몇 개월을 노력했지만 큰 변화가 없었어. 나는 그 이유가 뭘까 계속 고민을 했지. 그러다 알게 되었어. 이유는 내가 너무 말이 많다는 거였어.

회의 때마다 나 혼자 떠들었던 거야. 이게 좋다, 이걸 고치자, 이렇게 하자 하며 개그맨들이 끼어들 여지를 주지 않고 나 혼자 떠들었던 거지. 내가 이런저런 주문을 하면 개그맨들이 한 주 후에 그대로 코너를 수정해서 오니까, 나는 내 말을 잘 듣는다고 생각해서 더 신나게 말을 많이 했어. 그렇게 6개월 동안 나는 말이 많아졌고, 또 빨라졌지. 녹화 날은 화장실을 갈 시간도 없었어. 무대에 올라가는 캐릭터 하나하나, 가발 모양, 콧물 그림 방향, 양말 색깔 등 모두 나랑 상의하고 내 확인을 받고 올라가야 했으니까.

그게 문제였어. 모두가 내 말을 너무 잘 듣는다는 것. 그게 좋은 것만은 아니었어. 6개월 동안 그렇게 열심히 연출을 했는데 프로그램이 나아지지 않는 걸 보고 그제야 깨달았어. 100명의 개그맨들이 나만 보고 있다는 것을. 내 얘기를 듣고만 있다는 것을. 그건 곧 100개의 세상이 나와 함께 일을 하려고 와 있는데 그들의 얘기는 하나도 듣지 않고 내 세계만 와구와구 구겨 넣고 있는 것과 같았어. 이 사실을 깨닫고 난 후, 나는 말수를 줄이기 시작했어.

그러자 점점 변화가 찾아왔어. 개그맨들이 말을 하기 시작한 거야. 내가 묻는 질문에 대답도 잘하고, 자신의 개그에 대한 변호는 물론이고 반박도 하기 시작했어. 나중에는 심지어 반항까지 했어. 내가 재미없다고 하면 예전에는 그저 죄송하다고 하던 친구들이 이제는 "왜요? 재미있잖아요?", "에이, PD님 감 떨어진 거 아니에요?" 하며 자신감까지 보였어.

그때부터 개그도 더 좋아졌어. 비판이든 험담이든, 무슨 말이든 할 수 있는 분위기를 만들자 개그맨들의 눈빛이 달라지기 시작했어. 그냥 웃기는 개그를 하는 게 아니라 생각을 담기 시작했어.

'꺾기도'가 그렇게 탄생했어. 김준호가 처음 오디션에 이걸 들고 왔을 때 정말 충격적이었어. 그가 "안녕하십니까~불이", "감사합니다~람쥐" 이러면서 혼자 한참 놀더니 뭔가 해냈다는 자랑스러운 표정을 짓고 서 있는 거야. 내가 보기에는 말도 안 되고 시끄럽고 유치하기만 했어. 내가 물었어.

"이게 뭐야, 왜 다람쥐야?"

김준호가 대답했어.

"맘에 안 드시면 다리미로 바꿀까요?"

그때 김준호가 그랬어. 〈개그콘서트〉에는 이런 개그도 필요하다고. 먹는 개그도 있어야 하고, 남녀관계에 관한 개그도 있어야 하고, 정치 풍자 개그도 있어야 하는 것처럼 유치한 말장난 개그도 하나쯤 있어야 한다고. 아이들이 배꼽을 잡고 웃을 거고, 어른들도 좋아하게 될 거라고. 아무 생각 없이 만든 줄 알았더니 나름대로 코너를 분석해서 틈새를 노린 거였어.

나는 계속 아니라고 했지만 김준호가 하도 고집을 피우기에 최후의 방법을 썼어. 공개녹화 때 그냥 무대에 올려버렸어. 1000명의 관객 앞에서 망신을 당하면 그땐 고집을 꺾겠지.

그런데 웬걸? 빵빵 터졌어. 어린아이부터 어른까지 다들 배꼽을 잡고 웃었어. 불과 몇 주 만에 다람쥐와 까불이가 전국적인 유행어가 되었어. 한 달쯤 되었을 무렵 방송국에서 회의를 마치는데, 국장님이 이러셨어.

"여러분, 오늘 하루 수고해주시기 바랍니다~람쥐."

> "아이디어는 각자의 머릿속에만 있는 게 아니야.
> 사람과 사람 사이, 그 허공 어딘가에도 있어."

이후로 나는 한 사람이라도 누군가 꼭 하고 싶다고 고집을 부리면 내 생각이 어떻든 밀어주기로 했어. 고집을 부린다는 건 그만큼 생각을 많이 했다는 거니까. 그렇다고 다 성공한 건 아니야. 내가 고집을 부렸던 코너 중에 '사마귀 유치원'과 '발레리No'는 대성공을 거두었지만, '국가대표'와 '미필적 고의', '핑크 레이디' 등은 아무도 기억하지 못할 정도로 망해버렸지.

이 밖에도 성공한 대부분의 코너는 함께 토론하면서 수정에 수정을 거듭해 완성했어. '생활의 발견'은 애초에 '이별남녀'라는 제목이었어. 남녀의 심리를 다루는 것이었는데, 김병만이 떠나기 전에 새 코너를 하나 만들어놓고 싶다며 신인 개그맨들과 함께 짜온 것이었어. 이별하는 남녀는 신보라와 송준근이 맡고 김병만은 극 중간에 알바생으로 출연하는 콘셉트였어.

김병만은 몸 개그만 잘하는 게 아니라 아이디어도 정말 많은 개그맨이야. 오디션 때 처음 보여줬는데, 손댈 것 하나 없이 완벽했어. 그대로 올릴까 했는데, 김병만이 워낙 존재감이 강하다 보니 등장하는 순간 극의 흐름이 깨지더라. 그래서 알바생을 김기리로 바꾸고 본인은 빠졌어. 멋진 결정이었어. 그리고 제목은 남녀의 연애 심리와 일상의 디테일을 함께 살리자는 생각에 '생활의 발견'으로 바꿨어.

그런데 막상 무대에 올리자 예상 외로 강하게 터지질 않았어. 왜 그럴까? 극이 너무 조용한가? 보통 이럴 때는 접는 것이 맞는데 너무 아깝더라. 그래서 두 번째 녹화를 할 때는 대본을 두 개 준비했어. 하나는 이삿짐을 싸면서 헤어지자고 하는 것, 또 하나는 중국집에서 밥을 먹으며 헤어지자고 하는 것. 구질구질한 일상 속에서 "오빠, 우리 헤어져"가 살지, 아니면 코스 요리 등 정해진 순서가 있는 상황에서 "오빠, 우리 헤어져"가 살지 실험을 한 거야. 지금 생각하면 참 무능력한 PD였어. 그걸 제대로 판단 못하고 둘 다 해보자로 결론내고 배우들과 작가들을 힘들게 한 거니까. 그래도 아무 불평 없이 따라와주었으니 정말 고마운 일이지.

먼저 중국집 대본을 찍었어. 별로 안 터지더라. 애매했어. 어쩌지? 이삿짐으로 바꿔서 다시 할까? 우리끼리 즉석에서 회의를 했어. 웃음소리를 깔아서라도 그냥 밀고 나가자는 결론이 나왔어. 그대로 방송에 내보냈는데, 기쁘게도 녹화장과는 달리 안방에서는 빵 터졌어. 대박 코너가 탄생하는 순간이었지.

'비상대책위원회'도 원래는 김원효와 김대성의 말장난 쇼로 시작했어. 하지만 첫 방송이 나가고 보니 뭔가 부족해 보였어. 그때 메인 작가가 국가비상사태에서 공무원들이 보여주는 관료주의와 보신주의를 코믹하게 보여주자는 아이디어를 냈어. 그 과정에서 좀 더 목소리가 굵은 김준현으로 배역이 교체되고, 대통령 김준호가 등장하게 되었지. 그러면서 쓸데없는 절차, 인사말, 악수, 허례허식 등의 디테일이 추가되었어.

당시 내가 개그맨들에게 자주 한 말 중에 하나가 "하늘 아래 새로운 것은 없다"였어. 스탠딩 개그, 사투리 개그, 몸 개그, 풍자 개그. 모두 이미 오래전부터 해온 것들이야. 우리가 찾는 건 새로운 것이 아니라 다른 것일 뿐이지. 같은 소재라도 지금의 개그맨들이 사회적 현실을 녹여내어 요즘 사람들이 쓰는 언어와 감수성으로 재해석하면 돼. 그러기 위해서 우리는 끊임없이 토론하며 협업해야 해. 아이디어는 각자의 머릿속에만 있는 게 아니야. 사람과 사람 사이, 그 허공 어딘가에도 있어.

📷

조신희 그렇게 보면 내가 하는 패션 사진, 커머셜 사진도 냉정하게 보자면 늘 하던 것의 재탕, 반복이야. 모델이 머리와 화장을 하고 옷을 입고 찍는 거니까. 그러나 결코 똑같지 않아. 시대에 따라 미에 대한 취향이 다르고, 모델을 선택하는 기준이 다르고, 작가의 앵글과 해석이 다르니까.

나는 가끔 패션 사진을 시대별로 쭉 늘어놓고 다시 보곤 해. 1960년대 초의 그 우아하고 고전적인 샤넬라인 드레스가 1960년대 말에 가면 도발적인 초미니 스커트로 바뀌고, 1970년대에는 히피 패션이, 1980~1990년대에는 경쾌한 펑키 패션과 과감한 화장이 등장하지. 그러다 유니섹슈얼도 등장하고, 케이트 모스처럼 깡마른 여자에 열광하던 시기도 있고, 클라우디아 시퍼나 안나 니콜 스미스의 '게스' 광고처럼 섹시미를 뚝뚝 흘리는 이미지에 매혹된 시절도 있었지.

사진은 역사인 거야. 펜이 아니라 렌즈를 통해 시대를 기록하는 것이지. 내가 16년간 꾸준히 맡고 있는 지오다노 광고도 사진을 쭉 늘어놓고 들여다보면 시대의 변화가 보여. 나는 이것이 우리의 자화상이라고 생각해. 우리가 그때 무엇을 원했는지, 지금 무엇을 원하는지 사진이 말해주고 있어.

이것을 어떻게 나 혼자 결정하고 구현할 수 있었겠어? 회화, 조각, 사진 등 천재 작가들이 남긴 유산, 동시대 작가들의 기발한 작업이 내게 영감을 주었어. 기본 콘셉트가 내 머릿속에서 출발했다고 해도 스태프들과 회의를 거듭하면서, 장소를 물색하고 의상과 헤어스타일을 결정하면서 뼈와 살이 더해지지. 무엇보다 모델들이 카메라 앞에서 포즈를 취하게 되면 모든 것이 달라져. 그건 더 이상 내 아이디어가 아니라 우리 모두의 아이디어가 돼.

독불장군 시절에는 내 머릿속 이미지만 생각했어. 하지만 지금은 아니야. 내 것이 더 좋다고 여겨도 코디네이터 의견도 듣고 아트디렉터와 광고주의 의견도 다 들어. 누군가 고집한다면 그렇게 맞춰주기도 해. 커머셜 사진은 나만의 작업이 아닌 공동 작업이니까. 그것이 내 영역을 침해당하는 것이 아니라 내가 놓친 걸 누군가가 채워주는 것임을 이제야 깨달은 거지.

혼자 일하는 사람은 없어. 세상에서 가장 외롭고 괴로운 직업이라 불리는 예술가조차도 주변의 많은 것들로부터 영감을 받고 조언을 얻으며 작품을 완성해. 그러니 우리가 해야 할 일은 마음을 열어두는 거야. 나를 열어놓고 있어야 해. 담장을 허물고 경계를 푼 상태여야 새로운 것이 들어올 수 있어.

공과 사의 경계를 무너뜨리라

조선희 커머셜 사진에 처음 발을 내디뎠을 때 되게 갑갑한 게 하나 있었어. 잡지사에서 온 부장님, 진행을 맡은 차장님, 코디네이터 실장님, 헤어 실장님, 모델은 누구누구 씨, 모델의 매니저는 과장님……. 악, 호칭이 너무 많잖아!

호칭 때문에 소통하기도 힘들었어.

"김 차장님, 오 실장님이 오늘 조금 늦으신다는데 정 실장님 먼저 진행하면 어떨까요? 모델은 이 과장님 차량으로 지금 오고 있는 중이고, 김 작가님은 준비 끝나셨어요."

나는 내 식대로 해야겠다는 생각이 들었어. 나는 예의 바른 말투, 존댓말, 존칭, 이런 거에 익숙하지 않거든. 내가 자란 고장에서는 거의 다 반말로 통했지. 그래서 함께 일하는 어시스턴트들부터 언니,

오빠라고 불렀어. 그리고 스타일리스트, 메이크업, 헤어스타일을 담당하는 사람들과도 밥과 술을 먹으면서 자연스럽게 언니, 오빠라고 부르는 사이가 되었지.

그러다가 드디어 카메라를 잡게 됐는데, 모델을 뭐라고 불러야 할지 난감했어. 누구누구 씨? 누구누구 님? 누구누구야? 촬영 직전까지도 고민했어. 그러다 결정했지. 어차피 찍다 보면 내 입에서 반말이 튀어나올 테니, 그냥 반말을 하자. 그리고 나보다 어리니까 이름을 부르자.

그렇게 정해졌어. 나보다 어리면 이름을 부르고, 많으면 여자는 언니, 남자는 오빠라고 하자.

처음 이병헌 씨를 찍을 때였어. 프로필을 살펴보니까 나보다 한 살이 많았어. 고민이 되더라. 이 얼굴로 오빠라고 부르기엔 너무 징그럽지 않나? 그냥 친구하자 그러고 반말을 할까? 어쩌지? 에라 모르겠다.

"병헌 오빠!"

그렇게 불렀어. 그런데 이병헌 씨가 "그래, 선희야" 하며 그걸 받아줬어. 우리는 순식간에 격을 허물고 오빠 동생처럼 서로를 대했어. 내가 "오빠, 나를 애인이라고 생각하고 지긋이 바라봐줘"라고 부탁하면, 그는 "내가 미쳤니?" 하면서도 순식간에 눈빛이 바뀌었어.

사람들은 어떻게 친해지기도 전에 반말을 할 수 있냐고 반문할 거야. 하지만 일단 그렇게 부르면 훨씬 빨리 친해질 수 있어. 신기하지. 사람들은 친해진 다음에 말을 놓아야 한다고 생각하는데, 오히려 거꾸로야. 말을 놓으면 친해질 수 있어. 사람과 사람 사이에 보이지 않는 거리가 한 1킬로미터쯤 된다면, 이름을 부르는 순간 그 거리를 순식간에 1미터로 좁힐 수 있어. 그게 호칭의 힘이야.

이렇게 하니까 장점이 단점보다 훨씬 많아. 격이 없으니까 모델들이 내 카메라 앞에서 편안해하고 심지어 즐기기까지 해. 모델이 내 앞에서 자아를 풀어헤치고 깊은 내면의 모습을 보여줄 때 나의 손가락은 셔터를 누르느라 바빠지지. '찰칵' 셔터가 닫힐 때, 오직 모델과 작가만이 느끼는 깊은 교감의 순간이 있다는 걸 사람들은 전혀 모를 거야.

물론 나쁜 점도 있어. 내가 너무 편해서인지 모델들이 반항을 해. 그런데 이것도 결과적으로는 좋은 점이야. 내가 계속 작가님으로 불리길 고집했다면 이런저런 포즈를 요구할 때, 모델은 하기 싫어도 아무 말도 못하겠지. 하지만 나는 언니이고 동생이길 자처했기 때문에 모델들이 "언니, 나 이거 싫어", "이건 안 할래"라고 얼마든지 얘기할 수 있어. 이렇게 우리는 많은 이야기를 나누면서 서로의 의견을 좁히는 과정을 거쳐. 그러면서 더 친해지고 카메라 앞에서 더 자연스러워지지. 하기 싫은 걸 억지로 시킨다면 효율은 좋겠지만, 결과는 좋지 않을 거야. 예술은 효율이 아니니까.

거부감을 갖는 사람도 있어. 친하지도 않은데 이름부터 덜컥 부르고 언니, 오빠 하며 훅 다가오는 걸 싫어하는 사람들이 있어. 이런 경우 내가 할 수 있는 일은 하나야. 그저 계속 구애를 해야 해. 밥 먹자, 술 마시자, 개인적인 얘기도 하는 등 친해지려고 애를 써. 시간이 지나면 어떤 식으로든 정리가 되지.

공적인 관계를 왜 굳이 사적으로 만들려 하냐고 할 수도 있어. 그렇지, 우리 사회는 공과 사를 구분하지 않아서 생기는 문제들이 훨씬 많으니까. 실제로 대부분의 비즈니스는 공과 사를 구분하는 것이 훨씬 효율적이고 깨끗할 거야. 하지만 사진은 달라. 이건 이성으로 하는 일이 아니라 감성을 담는 것이니까. 한 장의 사진 속에 내가 느낀 모델의 아름다움, 그와 나의 시간, 나의 인생을 녹여내려면 우리는 서로를 더 많이 알고 이해해야 해.

요즘은 내가 나이가 많다 보니 에디터들이 나를 자꾸 작가님, 선생님이라고 불러서 고민이야. 10~20대의 젊은 연예인들도 나를 언니, 누나라고 부르기가 어색한가 봐. 그럴수록 나는 고집해. 제발 언니라고 불러줘, 누나라고 해줘. 그리고 그들 앞에서 장난도 치고 화도 내고 술을 마시면서 망가지기도 해. 작가로서의 체면과 권위 따위야 좀 잃어버려도 상관없어. 내가 그들에게 내 모습을 더 많이 보여줄수록 그들도 나에게 자신의 모습을 더 많이 보여줄 테니까.

서수민 너와 내가 참 다르다고 느끼는 지점이 바로 이런 거야. 너는 누구와도 친해지려 하고 친구가 되고 싶어 하지. 반면에 나는 꼭 그래야 한다고 생각하지 않아. 나는 같이 일하다가 마음이 맞으면 친구가 될 수도 있지만, 그게 아니라 해도 아무 상관이 없어. 꼭 친해져야 뭔가를 해낼 수 있다고 생각하지도 않아. 이게 사진과 방송의 차이일까? 아니면 조선희와 서수민의 차이일까?

돌이켜보면 우리는 어렸을 때부터 그랬어. 너는 스치는 모든 사람에게 관심을 가졌고, 밥과 술을 먹으며 친해지려 했어. 나는 연극, 그림, 책에 정신이 팔려서 이미 있는 친구들을 만나는 것만으로도 벅차다고 생각했지. 친구를 사귀는 스타일도 달랐어. 너는 가정사와 연애사, 말하기 힘든 상처와 고민까지 모두 털어놓는 사이를 친구라고 생각했지. 나는 굳이 그런 말을 하지 않아도 친구는 친구라고 생각했어. 그래서 가끔 네가 나에게 연애사에 대해서 혹은 집안일에 대해서 왜 시시콜콜 얘기해주지 않느냐고 울며불며 따질 때 나는 어리둥절했어. 내가 첫사랑과 헤어진 얘기를 꼭 너에게 해야 했나? 새로운 남자와 어디까지 진도를 나갔는지 너에게 꼭 말해야 하나? 왜 그렇게 생각하지?

너의 방식이 틀렸다는 말은 아니야. 그냥 나에겐 없지만 너에겐 있는 감성이라고 생각해. 조선희가 얼마나 사람을 좋아하고 주변의 모든 사람에게 세세한 관심을 쏟는지, 말은 거칠게 하지만 속마음은 얼마나 정이 흘러넘치는지 나는 잘 알아. 그래서 동시에 함께 알게 된 사람도 시간이 지나고 보면 나는 아직도 예의를 차리며 거리를 두고 있는데, 너는 훌쩍 가까워져서 언니 동생 하고 있지. 나는 딱히 그런 걸 부러워한 적도 없었으니, 나에게는 그런 감성이 없나 봐.

그래서 너와 나는 사랑하는 방식도 달랐어. 조선희는 사랑에 빠지면 온통 그만 보이고, 그만 생각하고, 그라는 바다에 빠져 허우적거렸어. 겨우 짝사랑하는 주제에 무슨 10년 열애라도 하는 사람처럼 뜨거웠지. 반면에 나는 서로 좋아서 죽겠다 싶은 적도 없고, 미온수 같은 온도를 유지하며 자연스럽게 결혼하지 않으면 이상할 만큼의 사이가 되었어. 그 당시 내 표현에 의하면 물 흐르듯이 만나다 호흡하듯 자연스럽게 결혼한 거지. 반대로 조선희의 결혼 스토리는 정말 대단하지. 만나자마자 불꽃이 튀어서 두 달 만에 동거에 들어가고 2년 뒤 결혼했으니까.

〈개그콘서트〉를 하면서, 어느 날 불현듯 내가 단 한 번도 개그맨들과 식사 자리나 술자리를 가지지 않았다는 사실을 깨달았어. 왜 그랬을까? 일부러 피한 건 아닌데 그렇게 되었더라고. 점심에는 주로 회사 사람들과 같이 있고, 저녁에는 얼른 집에 가서 아이들을 돌봐야 하니까 틈을 못 냈던 거지. 아니, 틈을 내고자 했다면 낼 수도 있었는데 그런 개념조차 없었던 거야. 미안하기도 하고 나 자신이 참 게을렀구나 싶더라. 그래서 그때부터 일부러 시간을 만들어서 회식을 하곤 했는데, 나중에 알고 보니 개그맨들은 오히려 불편해했어. 내가 아무리 편하게 대해준다고 해도 그들에게 나는 상사니까. 말하는 것도 조심스럽고, 계속 호응해줘야 하는 윗사람이었던 거지.

역시 안 하던 짓을 일부러 하는 게 답은 아니었어. 사람들은 사랑하는 방식이 다르듯이 사는 방식도 다른 것 같아. 공과 사를 허물고 일하는 것, 괜찮아. 다만 상처를 받지 않았으면 좋겠어. 세상 모든 사람들이 다 내 마음 같지는 않으니까.

눈과 비는 내가 맞는다

서수민 〈개그콘서트〉에 '체포왕'이란 코너가 있었어. 영화 〈체포왕〉을 모티브로 짠 코너였는데, 세 명의 경찰이 한 명의 범인을 두고 서로 데려가겠다고 경쟁한다는 설정이지. 첫 번째 경찰은 그 범인을 잡기 위해 동네 바보로 3년을 살았고, 두 번째 경찰은 여장을 하고 5년을 살았고, 세 번째 경찰은 동물 혹은 사물로 위장하고 7년을 살았어. 그래서 서로 자기가 제일 힘들었다고 토로하다가 늘 범인을 놓쳐버려.

첫 방송 때부터 반응이 괜찮았어. 첫 번째 경찰이 "똥 먹어봤어?"라고 할 때 빵 터지고, 두 번째 경찰이 "아버지한테 오빠라고 불러봤어?"라고 할 때 빵 터지고, 세 번째 경찰이 동물 분장을 하고 나타나서는 "나는 내가 싼 똥을 내가 먹는다"라고 할 때 또 빵 터졌어. 이

정도면 오래할 수 있겠다 싶었지.

그런데 문제가 생겼어. 극중에 못된 동네 아이들이 등장해서 바보 경찰을 놀리는 장면이 있어. 아이들이 경찰에게 밥이라고 말하면서 개밥을 주고, 된장이라고 말하면서 똥을 주지. 어느 날 방송국으로 편지가 왔어. 자기 아이가 발달장애인데, 동네 아이들한테 그렇게 똑같이 놀림을 당한다면서 코너를 내려줄 수 없겠냐는 내용이었어. 아이가 유일하게 보는 프로그램인데 놀림당하는 장면이 나오니 도저히 볼 수가 없다고.

부모로서 심정이 어떻겠어. 아무리 재미가 중요해도 부모 마음을 후벼 파서는 안 되겠단 생각이 들었어. 다른 곳도 아니고 여긴 KBS 잖아. 그래서 안타깝지만 겨우 6주 만에 개그맨들을 설득해서 코너를 내렸어.

〈개그콘서트〉를 4년 정도 이끌면서 이런 결정을 내려야 할 때가 많았어. 공영방송인 데다 시청률이 20퍼센트나 되다 보니 별일 아닌 것도 주목을 받고 오해를 받았지. 큰 인기를 누린 만큼 욕도 많이 먹어야 했어. 그때가 정치적으로는 보수꼴통이니 종북이니 편 가르기 논란이 있었고, 사회적으로는 일베의 등장에 여성 혐오, 남성 혐오, 외모 비하, 장애인 비하 등이 이슈였을 때라 걸고 넘어지려고 작정하면 〈개그콘서트〉의 모든 소재가 문제가 되었어.

사실 제일 걱정이 되었던 것은 징계나 제재가 아니었어. 개그맨들이 뭐든 거리낌 없이 아이디어를 짜오고 어떤 말이든 눈치 보지 않고 마음껏 할 수 있어야 하는데, 이렇게 외부로부터 압력이 들어오면 스스로 위축되기도 하거든. 자칫 개그맨들이 자기 검열의 늪에 빠져 프로그램 전체가 힘을 잃을 수 있지.

나는 개그맨들에게 상관없으니 웃기는 거라면 뭐든 갖고 오라고 했어. 개그의 본질은 현실에 대한 조롱과 풍자니까, 너희들이 하고 싶다면 그냥 하라고 응원했지. 오히려 개그맨들과 제작진이 나를 말려야 할 때가 많았어. 내 취향 자체가 위험하고 아슬아슬했으니까.

어느 날 밤에 박성광에게 전화가 왔어. "지저분한 거 하나 준비했는데 비공개로 보시겠습니까?" 그러는 거야. 왜 비공개냐고 물었더니 이미 오래전에 만들어서 보여준 적이 있었는데 다들 반대했었대. 도대체 어떤 것이기에 반대했는지 궁금했어.

그런데 보는 순간, 나는 웃겨서 죽는 줄 알았어. 제목은 '로얄 발레단'. 직장인 남자들이 발레단에 가서 토슈즈와 발레복을 입고 발레를 배운다는 설정인데, 주요 부위를 가리기 위해 필사적으로 애쓰는 몸 개그가 포인트였어. 내 눈엔 완전 새롭고 재미있었어.

당장 녹화를 뜨자니까 다들 만류했어. 논란의 여지가 다분하니까. 발레를 배우는 남자들이 주요 부위를 필사적으로 가리려는 모습이 모티브이기에 성적 수치심을 일으킬 수 있고, 남성 및 직업 비하로 이어질 수 있었으니까. 무엇보다 한국에서 성기를 소재로 한 코미디는 금기의 영역이었지. 게다가 공영방송이 이에 앞장선다면 얼마나 욕을 먹겠어.

하지만 그렇게 버려지기에는, 너무 재미있잖아! 하자! 당장 녹화를 뜨자! 내가 책임질게! 내가 욕 다 먹을게! 그렇게 큰소리를 쳐놓고 고민하기 시작했어. 어떻게 하면 논란을 줄이면서 성공적으로 코너를 올릴 수 있을까.

하나씩 수정하기 시작했어. 주요 부위를 가리는 장치인 발레 바가 일직선이기에 키가 비슷한 개그맨들로 출연자를 조정했어. 또 설정을 발레리노들이 공연을 준비하는 것으로 바꾸고 제목도 아예 '발레리No'로 정면 돌파하기로 했지.

제일 중요한 건 쏟아질 비난에 대한 대비책을 마련하는 것이었어. 아줌마인 내 눈에는 웃기지만 남자들이 싫어하면 어쩌지? 실제 발레리노들이 모욕감을 느끼면 어쩌지? 직업 비하는 소송까지 당할 수 있어서 신중하게 접근해야 해. 그때 번쩍 아이디어가 떠올랐어. 진짜 발레리노들에게 보여줘서 그들이 재미있어 한다면 논란을 비켜갈 수 있지 않을까? 그들이 아무런 모욕감도 느끼지 않는다면, 그리고 그들이 직접 개그맨들의 발레 동작을 감수해준다면 문제를 예방할 수 있지 않을까? 그런 생각이 들었어.

마침 〈1박 2일〉이 시청자 투어를 하면서 발레리노들을 초대한 적이 있어. 그때 출연했던 홍록기 씨를 통해 유니버설발레단의 수석

192

발레리노인 엄재용 씨의 연락처를 얻어냈어. 한밤중에 전화를 걸어서 지금 와줄 수 있냐고 물었더니, 그가 빗길을 뚫고 선뜻 와주었어. 조심스럽게 말했지. 발레리노를 소재로 코너를 하나 짰는데, 기분 나빠하지 마시고 열린 마음으로 보아달라고. 개그맨들이 연기를 시작하자 그가 배꼽을 잡고 웃었어. 다들 긴장했었는데, 그의 웃음에 용기를 얻었어. 더욱이 그는 이 코너의 자문을 맡아 완성도를 높이는 데도 도움을 주었어. 덕분에 '발레리No'가 언론에 소개될 때 '프로발레단 수석 발레리노의 자문을 거친 코너'라는 설명이 같이 나가게 되었고, 직업 비하 등의 비난을 피해갈 수 있었어.

그렇게 그 야심한 밤에 녹화를 떴고 방송에 내보냈어. 결과는 대박이었어. 여자들도 남자들도, 심지어 나이 많은 분들까지도 웃다가 죽는 줄 알았다며 재밌어 했어. 한국 코미디 역사에서 성기 개그로 긍정적인 반응을 얻은 건 '발레리No'가 처음일 거야.

물론 게시판을 통해 민망하다, 선정적이다, 항의하는 사람들도 많았어. 방송국의 시청자 상담실과 심의실에도 불만이 폭주했지. 하지만 언론을 통해 알려진 대로 진짜 발레리노가 감수했다는 사실 덕분에 그대로 밀고 나갈 수 있었어.

이 일로 나는 자신감을 얻었어. 제아무리 성역이고 금기라 해도 웃음이 통한다면 밀어붙일 수 있겠다는 확신을 가졌어. 개그맨들에게도 말했어. 예민한 소재라고 일부러 피하지 말고 하나씩 열어보자고. 그게 우리가 나아갈 방향이라고.

그래서 예쁜 여배우와 못생긴 스턴트우먼을 적나라하게 비교한 '최종병기 그녀'도 올릴 수 있었어. '사마귀 유치원'과 '용감한 녀석들'처럼 정치·사회적 발언을 하는 코너도 올리고, 때마다 터지는 이슈를 소재로 풍자하는 '비상대책위원회'도 올렸어.

> "그때 심한 공격을 당하면서 많은 생각을 했어.
> 리더는 조직의 위기가 닥쳤을 때 앞에 나서서
> 눈과 비를 다 맞아야 하는 사람이라는 걸."

물론 욕을 먹었지. 살면서 들을 수 있는 욕은 거의 다 들어본 것 같아. 특히 일베는 나를 '종북 PD'로 낙인찍고 거의 죽일 기세로 달려들었어. 서수민이 홍어를 닮았네, 고향이 전라도네 하면서 내게 트윗을 날리기도 하고, 일베 게시판에 모욕 수준의 글을 올리기도 했어. 알려진 어떤 사람은 내가 아무것도 모르는 개그맨들을 데리고 정치 놀음을 하고 있다며 서수민을 타도하겠다는 글을 연속으로 올렸어.

그때, 나 무서웠어. 트위터나 인터넷 게시판은 안 보면 그만이지만, 이상한 전화도 오고 문자도 받으니 이러다가 내 삶이 위험해질 수도 있겠다는 생각이 들었어. 나 혼자면 상관없는데, 남편도 있고 아이들도 있으니까 걱정이 됐어. 그렇다고 내가 몸을 사리면 개그는 어떡해?

개그맨들에게는 티를 내지 않았어. 내가 구부리면 모두 기가 죽을 수밖에 없으니까. 그래서 최효종이 강용석한테 국회의원 모욕죄로 고소당했을 때, 나는 마음대로 말하라고 했어. 정태호가 박근혜 대통령 당선 직후 디스로 구설에 올랐을 때에도 잘못한 거 아니니 쫄지 말라고 했어. 지금까지 이런 일이 생기면 제작진이 무조건 사과하고 코너를 폐지하는 수순을 밟았는데, 나는 그러고 싶지 않았어. 오히려 내가 나서서 그 정도 말도 못하냐며 강하게 말하고 다녔어. 왜? 우리는 잘못한 게 없잖아. 우린 그냥 개그를 했을 뿐이잖아.

외부에 강의를 나가면 아직까지도 제일 많이 받는 질문이 이거야.

"〈개그콘서트〉 하실 때 시사 풍자를 많이 하셨는데, 제재나 보복 등은 없었어요?"

있다면 있었고, 없다면 없었다고나 할까. 그때가 좀 민감했던 시기긴 했어. 총선과 대선이 있었으니까. 우리는 그냥 개그를 하는 건데, 받아들이는 사람은 정치적으로 읽는 경우가 많았던 거지. 특히 정태호는 정치색이라고는 없는 사람인데 나랑 같이 일베의 표적이 되며 별별 소리를 들어야 했어. 그때 알았어. 우리나라엔 모든 걸 '좌'와 '우'로 나누어 보는 사람들이 많다는 것을. 큰 인기를 얻은 것도 사실이지만 감당 못할 상황까지 간 것도 사실이었다.

결국 더 이상 방송을 할 수 없는 순간이 오더라. 프로그램을 떠나면서 같이 일했던 개그맨들한테 제일 미안했어. 할 일이 남았는데 나만 빠져나오는 느낌이 좋지 않았어. 특히 '용감한 녀석들' 멤버들에게 더욱 미안했어. 불필요한 비난을 너무 많이 받았으니까.

그때 심한 공격을 당하면서 많은 생각을 했어. 리더는 조직의 위기가 닥쳤을 때 앞에 나서서 눈과 비를 다 맞아야 하는 사람이라는 걸. 동시에 그런 사람이 되기에는 내 그릇이 많이 부족하다는 것도.

조선희 　수민이 너는 아니라고 하지만, 내가 보기에 너는 타고난 리더야. 대학 때부터 그랬어. 무슨 일을 하든 조직적으로 판을 짜고 역할을 분배해서 효율적으로 일하는 모습을 볼 수 있었지. 연애도 진로도 그랬던 것 같아. 나는 대책 없이 빠져들고 즉흥적으로 결정했다면, 너는 차분히 생각해서 계획하고 시작했지. 나는 내가 가질 수 없는 남자를 좋아하는 바람에 내 청춘의 8년을 허송세월했지만, 너는 자기에게 딱 맞는 남자를 일찌감치 골라서 그를 공부시켜 방송국에 합격시키고, 제일 좋을 때에 결혼을 하고, 제일 좋은 때에 아이를 낳았지. 리더십이란 게 특별한 게 아니야. 자기 인생을 스스로 조직할 수 있는 능력. 그게 리더십이야.

졸업 전에 우리가 함께 스터디 했던 것 기억나니? 나, 서수민, 윤진이 그리고 지금은 세상을 떠난 문이가 함께했지. 졸업하기 전에 함께 의미 있는 작업을 해보자며 내가 제안했어. 그러자 수민이 네가 《문화과학》이라는 이론서를 들고 왔어. 당시에 떠오르던 포스트모더니즘, 키치, 미니멀리즘, 이런 용어들이 가득한 책이었지. 우리는 매주 한 번씩 스터디를 하고, 그 이론을 바탕으로 패션 전시회를 열기로 했어. 각자 주제를 정해서 옷을 만들고, 모델을 섭외해서 사진도 찍고, 또 전시장을 빌려서 발표도 할 생각이었지. 마침 사진반 선배가 우리 얘기를 듣고 어떤 잡지사와 연결해서 화보를 실어주겠다고 했어.

우리 정말 열심히 준비했어. 4년 내내 의상학과 공부와는 담을 쌓았는데, 그때 갑자기 의상학도가 되어서 열정을 불태웠지. 내 기억으로는 서수민이 준비한 의상 주제가 '잉태'였는데, 굉장히 멋있었어. 나는 어떤 옷을 만들었는지 기억이 안 나지만.

그런데 안타깝게도 우리는 전시회를 열지 못했어. 막상 사진을 찍으니 모델도 돈이고, 인화하고 액자 만드는 것도 돈이고, 스튜디오 빌리는 것과 전시회장 빌리는 것도 다 돈이었어. 우리가 세상물정을 너무 몰랐다는 걸 깨닫고 좌절했지. 그때 우리 넷이 모여서 술 마시면서 한탄하고 있는데, 서수민 네가 그랬어. 지금은 실패했지만, 우리가 나중에 사회에 나가서 각자 직업을 가지고 일할 테니, 그때 한

번 모여서 전시회를 하자고. 10년 후 혹은 20년 후에 더 멋진 전시회를 할 수 있으니 그때 뭉치자고.

그 순간 네가 굉장히 멋져 보였어. 그런 생각을 할 수 있다는 것도, 좌절한 친구들을 다독이는 마음도 멋졌어. 다들 웅크리고 앉아 있다가 그 말을 듣는 순간 기운이 확 났어. 순식간에 다시 깔깔거리며 즐겁게 술을 마셨지.

네가 〈개그콘서트〉에서 한 역할도 크게 다르지 않을 거야. 너는 개그맨들이 신나게 일할 판을 만들고, 열정을 불태우도록 하고, 아낌없이 격려했지. 그들이 비난받을 때 앞에 나서서 화살을 맞았고. 그것만으로도 너는 리더야. 리더는 강한 사람이 아니야. 강하지 않음에도 앞에 나설 수 있는 사람이지. 너는 이미 〈개그콘서트〉의 아이콘이 되었어. 그만둔 지 벌써 몇 년이 지났는데도 사람들은 아직도 '개그콘서트' 하면 서수민을 떠올려. 아마 〈개그콘서트〉가 살아 있는 한 계속 그럴 거야.

오래된 것의 힘을
잊지 말자

조선희 2005년에 출산하고 열 달 정도를 쉬었어. 아이도 키우고 전시회도 보러 다니면서 재충전을 했지. 그러고 나서 다시 일을 시작하려고 하니까 사진 환경이 디지털로 확 바뀌어 있었어. 필름 산업은 위기에 빠지고, 현상과 인화 전문가들은 일자리를 잃어버리고, 그 자리를 디지털 카메라, 컴퓨터에서 사진 데이터를 수정하는 컴퓨터 리터칭이 대체하기 시작했어. 내가 10년, 아니 15년을 믿어왔던 시스템이 불과 10개월 만에 무너져버린 거야.

많이 놀라고 당황했어. 나는 기계치인 데다 컴맹인데, 이제 와서 어떻게 컴퓨터를 배울 수 있을까? 게다가 나는 디지털 사진을 찍기 위해 뭘 준비해야 하는지도 몰랐어.

별로 친하지도 않은 사진작가에게 전화를 걸어 이것저것 물어보

앉어. 고맙게도 컴퓨터는 이걸로 사라, 카메라는 이런 걸로 장만해라, 친절하게 조언해주더라. 마침 친동생이 디자인 공부를 하고 내 밑에서 어시스턴트를 하고 있었기 때문에 하나씩 배우면서 다시 시작할 수 있었어.

이후로 신인 작가들이 대거 등장하기 시작했어. 필름이라는 장벽이 사라지자 사진을 하는 데 필요한 비용이 줄어들고 현상과 인화에 따른 복잡한 일도 축소되었어. 굳이 프린트를 하지 않아도 화면에서 얼마든지 보여줄 수 있고, 수정·보정·복사·삭제·전송 등을 자유롭게 할 수 있으니 사진은 예전보다 훨씬 쉽고 대중적인 예술이 되었지.

그때 온 세상이 디지털 혁명을 칭송했지만, 나는 좀 슬펐어. 대학 시절 내가 약품 냄새를 맡아가며 그토록 열심히 했던 필름 현상과 인화가 아무짝에도 쓸모없는 기술이 되어버렸으니까. 서수민, 너도 알지? 내가 필름 현상과 인화에 얼마나 매달렸었는지.

나는 암실에서 정말 많은 시간을 보냈어. 사진 찍는 시간과 술 마시는 시간을 제외하고는 거의 암실에서 살았기 때문에 사람들이 나를 '암실 죽순이'라고 불렀지. 지금도 눈을 감으면 그 지저분하고 좁은 공간에서 안전광 하나에 의지해 필름을 현상하고 인화했던 나날들이 떠올라. 필름 변색을 막는 정착액 냄새가 코를 찔렀지만 아무런 문제가 되지 않았어. 내가 찍은 필름이 하나의 영상으로 살아나는 순간, 하나의 작품으로 탄생하는 순간은 언제나 가슴 벅찬 희열을 안겨주었으니까.

"아날로그 시대에 우리가 배웠던 많은 것들이 여전히 우리 안에 있어.

실체가 사라졌다고 해서 그 의미와 경험마저 사라진 건 아니야."

그런데 그 모든 노력과 시간이 헛되지 않았다는 걸 곧 알게 됐어. 디지털로만 사진을 배운 작가들과 아날로그 시대를 거친 작가들의 사진에 미묘한 차이가 있었기 때문이야. 뭐랄까, 깊이가 부족한 느낌. 새롭지만 딱 거기까지인 듯한 느낌. 어딘가 부자연스러운 느낌이 들었어.

바로 디지털 사진의 장점에서 오는 차이였지. 즉 필름과 인화 비용에 대해 고민할 필요가 없으니까 쉽게 찍는 습성이 붙었고, 현상과 인화가 완료되기까지 기다리는 시간이 없기에 상상할 시간이 없어진 거야. 이게 독이 된 거야. 고민, 기다림 이런 게 필요 없는, 제대로 찍지 못해도 얼마든지 수정할 수 있는, 무한대로 찍어도 큰 비용이 발생하지 않는 환경. 이런 것들이 오히려 사진을 대하는 태도를 가볍게 만들어버린 거야.

필름 카메라는 그저 낭만이 아니었어. 그것은 기다림이었고, 진지한 태도였어. 필름이 비싸기 때문에 셔터 하나를 누르는 데에도 굉장한 고민과 용기가 필요하고, 또 현상과 인화가 완료되기 전까지는 어떤 작품이 나올지 전혀 알 수 없기 때문에 상상하며 기다리는 시간이 있었지. 그 긴 기다림의 시간. 마침내 결과가 나왔을 때의 놀람 혹은 실망, 혹은 의외의 발견이나 기쁨. 이런 것들이 사진을 바라보는 눈과 태도를 키워주었던 거야.

예를 들어 조명이 마음에 들지 않을 경우, 아날로그 세대는 그걸 바로잡고 찍는 것이 당연하다고 생각해. 하지만 디지털 세대는 그 상태로 찍은 후 리터칭을 하는 게 더 편하다고 생각하지. 이건 어마어마한 차이야. 더 많이 생각하고 더 고민하는 태도, 사진에 대한 진지한 마음이 있느냐 없느냐의 차이지.

게다가 직접 현상과 인화를 하며 톤과 색채에 대한 감각을 익힌 사람과 컴퓨터 화면으로만 수정해본 사람 사이에도 큰 차이가 존재해. 일반인들은 이 차이를 잘 알기 힘들어. 하지만 필름 세대는 알 수 있어. 셔터를 누르는 순간 작가가 어떤 생각을 했는지, 빛과 각도에 대해서 충분히 고민을 했는지, 색감과 톤에 대해서 어떤 지향점을 가지고 있는지.

아날로그 시대에 우리가 배웠던 많은 것들이 지금은 불필요하게 여겨지겠지만, 그 힘은 여전히 우리 안에 있어. 실체가 사라졌다고 해서 그 의미와 경험마저 사라진 건 아니야. 아마 디지털 세대는 우리의 이런 생각을 고루하다고 할지도 모르겠어. 별것도 아닌 것을 차이라고 우기는 것처럼 들릴 테니까. 하지만 그 차이는 엄연히 존재해. 그리고 앞으로도 그 차이는 다른 무언가를 만들어낼 거야. 과거의 사진과 그림이 그랬듯이.

다시 아날로그 시대로 돌아가야 한다는 뜻은 아니야. 변화로 인해 우리가 놓친 것들, 잃어버린 것들. 기다림, 생각할 시간, 사색, 기본을 지키는 것. 이런 걸 다시 한 번 생각해보고 되찾기 위해 노력해야 한다는 뜻이야. 그 필요성을 느낀 젊은 작가들은 일부러 비용과 시간을 투자해서 필름 카메라를 배우고 있어. 필름을 사용해서 찍은 작업들이 잡지 화보와 전시회에 종종 다시 등장하기도 하지. 나 역시 간간히 필름 작업을 하고 있는데, '아, 사진이란 이런 것이었지, 사진가란 바로 이런 거지' 하는 희열을 느끼곤 해.

가슴은
머리를 돌리는 엔진

서수민　2013년에 CP로 발령이 나면서 〈개그콘서트〉를 떠나게 되었어. 제작진과 개그맨들이 아쉽다며 쫑파티를 열어주었지. 그때 내 앞에 신보라하고 그 동기들이 쪼르르 앉아 있었어. 신보라가 내게 말했어.

"PD님은 저도 모르는 저의 모습을 알고 계셨어요. 그걸 발견해주셔서 감사합니다."

옆에 있던 동기들도 같은 말을 했어.

"시선 처리가 불안하다는 걸 지적해주신 다음부터 제 연기가 많이 좋아졌대요."

"발음이 불분명하다고 PD님이 말씀해주셔서 고칠 수 있었어요."

신인 개그맨들이 그 말을 듣고 서운해했어. 좀 더 일찍 만났다면 자기들도 조언 많이 듣고 도움을 많이 받았을 텐데, 벌써 헤어지게 되어서 아쉽다고.

판이 벌어진 김에 나는 개그맨들에게 생각해온 것들을 하나씩 말해줬어. 겁먹지 마라, 집중을 해라, 관객의 눈치를 보지 마라 등등. 준비한 것도 아닌데 그냥 줄줄 쏟아져 나왔어. 나도 모르는 사이에 그들의 버릇과 캐릭터를 다 파악하고 있었던 거야.

사실 나는 일상에서는 타인을 잘 알아보지 못하는 경향이 있어. 그런데 개그맨들에게선 보여. 이름만 떠올리면 그 사람이 오래전에 했던 코너, 거기서 보여준 연기력, 캐릭터, 실수, 장점 이런 게 파노라마처럼 떠올라. 내가 사람 이름을 참 못 외우는데, 이상하게도 개그맨들 이름은 입력이 잘 돼. 〈개그사냥〉을 할 때에는 출연하는 개그맨 지망생 60명의 이름을 다 외웠어. 외우려고 노력한 것도 아닌데 그냥 줄줄 입에서 나왔어. 내가 생각해도 참 신기해.

아마도 내가 한 명 한 명을 좋아했던 게 아닌가 싶어. 나는 개그맨들의 목소리만 들어도 알 수 있었어. 새벽까지 술을 마셨는지, 요즘 여자 친구랑 사이가 나빠졌는지, 비염이 심해졌는지, 감기가 오려는 건 아닌지, 거의 족집게처럼 맞췄어. 나 스스로도 신기했지. 남편의 건강 상태는 잘 모르면서, 어떻게 개그맨들의 상태에 대해서는 이렇게 잘 알까? 그게 다 애정이었던 것 같아.

엄마랑 똑같아. 엄마는 늘 아이들에게 관심을 가지니까 아이에게 감기가 오는지, 열이 나는지, 기분이 좋은지 안 좋은지 대번에 알 수 있잖아.

〈개그콘서트〉를 맡으면서 나는 개그맨들을 계파로 분류하는 시도를 해보았어. 크게는 연기파와 토크파, 쇼개그파로 나눴어. 연기파는 극을 구성해 연기로 승부를 보는 이들로 김준호, 김대희 등이 해당돼. 주로 콩트 개그를 만들어내지. 토크파는 말로 웃기는 스탠딩 코미디 계열로 박성호, 황현희, 최효종 등이 해당돼. 쇼개그파는 음악, 체육 등의 특기를 통해 웃기는 계열로 이수근, 김병만 등이 대표적이야.

이렇게 계파를 나누니까 개그맨들의 장점이 뭔지 한눈에 들어왔어. 덕분에 말발이 좋은 황현희에게 콩트 개그를 시킨다든지, 연기를 잘하는 김대희에게 토크 개그를 시킨다든지 하는 엉뚱한 시도를 줄일 수 있었어.

"〈개그콘서트〉와 〈프로듀사〉가 성공한 이유를
굳이 찾으려면 바로 이것 같아.
내가 모든 캐릭터에 애정을 가졌다는 것."

개그맨의 특성에 따른 분류도 해봤어. 그들이 왜 웃긴가를 생각해볼 때 생김새가 웃겨서, 사투리가 웃겨서, 혹은 뚱뚱해서 웃긴 개그맨이 있어. 이걸 정확히 파악하면 캐릭터에 생명력이 생기고 디테일을 살릴 수 있어.

예를 들어 김준현, 유민상, 김수영은 모두 뚱뚱하지만 캐릭터는 다 달라. 김준현은 똑똑하고 귀여운 매력이 있는 뚱보라면, 유민상은 아저씨처럼 편하고 여유 만만한 뚱보야. 김수영은 어리고 순진한, 오직 먹고 싶은 본능만 있는 뚱보 캐릭터지. 다른 예로 허경환과 양상국은 똑같이 사투리 개그를 하는데, 이것도 색깔이 전혀 달라. 허경환은 허세가 심한 키 작은 경상도 남자고, 양상국은 서울말을 하고 싶어 하는데 잘 안 되는 촌티 나는 경상도 남자야. 허경환이 너무 뻔뻔해서 얄밉지만 요즘 남자 같다면, 양상국은 좀 모자라 보이고 평생 억울한 일만 당했을 것 같아서 불쌍하지만 정감이 가지. 하지만 잘 보면 양상국은 반전 캐릭터야. 시골 출신의 콤플렉스를 드러내는 척하면서 서울 사람들의 우월의식을 꼬집으니까.

사실 내가 〈개그콘서트〉에 투입되었을 때 양상국이 개그를 그만두고 방송국 리포터라도 해보겠다며 서울말을 연습하고 있었어. 내가 말렸어. 리포터는 무슨 리포터냐, 사투리를 왜 고치냐, 사투리를 이상하게 쓰는 게 너의 멋이다. 그리고 그 이상한 사투리를 살려서 만들어낸 코너가 '서울 메이트'였어. 이것이 크게 성공을 거둔 이후에 그 캐릭터를 계속 밀고 나가서 '네 가지'에서 꽃을 피웠지.

나는 드라마 〈프로듀사〉를 맡았을 때도 캐릭터 분석을 해서 캐스팅을 했어. 주인공으로 김수현을 캐스팅 했는데, 그때 그 멋진 톱스타 김수현이 어떻게 어리바리한 신입 PD 역할을 하느냐며 주변에서 걱정이 많았어. 하지만 내 예상대로 그는 이러한 걱정을 한 방에 날려버렸어. 첫 촬영 날 카메라 앞의 김수현은 〈별에서 온 그대〉 때와 똑같은 양복을 입고 서 있는데도 완전히 다른 사람이 되어 있었어. 좋은 대학을 나와서 좋은 직장에 들어왔지만, 막상 배운 대로 하면 깨지기만 하는 '허당' 캐릭터. 그것을 완벽하게 소화해냈어.

그 대칭점에 차태현을 캐스팅 한 이유는, 만약 10년 전이었다면 차태현이 김수현 역할을 맡았을 거라고 생각했기 때문이야. 차태현 역시 〈엽기적인 그녀〉에서 어리바리하고 순수한 캐릭터로 한 시대를 풍미했지. 이제 세월이 흘렀고, 그는 적응이란 걸 했기 때문에 프로다운 분위기를 풍겨. 하지만 가까이 다가가서 보면 프로가 된 게 아니라 그냥 익숙해진 것, 물이 든 것뿐이야. 그걸 알기 때문에 스스로 괴로워하고 어떻게든 순수함을 지키려고 애를 쓰는 캐릭터지.

그런데 사실 내가 가장 심혈을 기울여 캐스팅한 사람은 김수현도 차태현도 공효진도 아이유도 아닌 김태호 CP 역할을 맡은 박혁권 씨였어. 그때 박혁권 씨가 다른 드라마를 하고 있어서 처음에는 제안을 거절했어. 그런데 아무리 생각해봐도 대안이 없었어. 불리하면 모르는 척하고, 유리하면 자기 공으로 돌리고, 법인카드로 가족과 외식을 하고, 식탐이 유독 많은 이 뺀질뺀질하면서도 귀여운 캐릭터를 연기해줄 사람은 박혁권 씨밖에 없었어. 내가 실제로 CP였기에 극중 CP 역할에 애정이 컸던 거지. 그 캐릭터에는 내가 지난 20년간 보았던 KBS의 모든 CP들의 모습, 심지어 나의 모습까지 녹아 있었어. 그래서 여러 번 박혁권 씨를 찾아가서 매달렸어. 당신이 안 해주면 큰일 난다, 나 죽는다, 징징거려서 겨우 캐스팅에 성공했어. 물론 결과도 기대 이상으로 좋았어.

나는 아직도 일상에서는 기억력이 떨어지고, 사람 얼굴을 잘 구별 못해. 심지어 딸들 담임 선생님의 이름, 친구 이름도 까먹어서 면박을 당하지. 외워야 한다, 알아야 한다. 머리로 생각하면 잘 안 들어와. 하지만 애정을 가지고 정말 좋아하면 저절로 외워져. 결국 머리보단 가슴이 강해. 방송계에서 만나는 사람들을 보면 알 수 있어. 머리로만 일하는 사람은 오래 못 가. 물론 가슴으로만 일하는 사람도 너무 감성적이어서 오래 못 가지. 그래도 결국 남는 사람은 가슴으로 일하는 사람이야. 나는 가슴이 머리를 돌리는 엔진이라고 표현하고 싶어.

원칙을 지켜야
후회가 없다

조선희   언젠가 사진 애호가들과 함께 '크로핑cropping'에 대해 열띤 토론을 벌인 적이 있어. 크로핑이 뭐냐면, 사진의 원치 않는 부분을 잘라내서 프레임을 재구성하는 거야. 디지털 사진이 일반화되면서 크로핑을 남용하는 것을 걱정하는 사람이 있는가 하면, 아무런 문제 없다고 생각하는 사람들도 있어. 양쪽 논리가 팽팽하게 맞서는 바람에 결론을 내리기가 쉽지 않지.

비슷한 논란이 '포토샵Photoshop'에도 적용돼. 포토샵의 사용을 어디서부터 어디까지 용인할 것인가. 이 문제는 오랫동안 사진작가들 사이에 화두였어. 포토샵을 너무 많이 사용한 작품은 그것이 사진이냐, 혹은 사진을 이용한 또 다른 영역이냐 하는 논란을 남기지.

디지털 세대에겐 이런 건 고민도 아닐 거야. 사직을 찍고 나면 컴퓨터 화면에서 이뤄지는 길고 피곤한 수정 작업이 당연할 테니까. 디지털 사진은 찍는 순간에는 내릴 수 없었던 수많은 결정을 컴퓨터를 보면서 천천히 내릴 수 있게 해주었어. 현장에서 잘못된 판단이나 실수가 있더라도 사진을 만지면서 충분히 보충할 수 있으니 편리한 건 사실이야.

하지만 가끔 에디터나 클라이언트의 입에서 "저거 지워주세요", "여기 잘라주세요", "이 사진의 얼굴과 저 사진의 몸을 합성해주세요"라는 말이 너무 쉽게 튀어나오는 것을 볼 때면, 원칙이 필요하다는 생각이 들어. 적어도 사진작가라면 자신의 의도를 알고 사진을 찍어야 하고, 그걸 지킬 수 있는 논리와 강단이 있어야 해. 셔터를 누르는 순간에 이런 확신이 없다면, 컴퓨터로 수정할 때에도 이리저리 흔들릴 수밖에 없어.

우선해야 할 원칙은 찍을 때 잘 찍어야 한다는 거야. 크로핑이 필요 없도록 처음부터 앵글과 구도를 잡고 찍는 것이 기본이어야 하지. 포토샵도 마찬가지야. 프레임 안에 불필요한 소품이 있다면 미리 치워야 해. 조명이 마음에 들지 않는다면 바로잡고 찍어야 하고. 이렇게 최선을 다해 찍고, 그래도 리터칭이 필요하다면 그때 다시 판단하면 돼. 리터칭을 절대로 안 할 수는 없어. 그건 작가가 글을 써놓고 고쳐 쓰기를 하지 않는 것, 화가가 그림을 그려놓고 마지막 마무리를 하지 않는 것과 같으니까.

나는 포토샵이 과거의 현상과 인화를 대신하는 것이라고 생각해.
필름 카메라 시절에도 필름을 현상하고 인화하는 단계에서 작가가
노출과 콘트라스트contrast를 조정해서 원하는 색감을 내곤 했으니까.
사진작가에게는 그 색감이야말로 정체성과 같은 거야. 사진에 따라
소재와 주제는 수없이 달라지지만, 작가가 원하는 톤만큼은 일정한
지향점을 갖거든.

필름 카메라 시절에 나는 내가 원하는 톤을 만들기 위해 현상·인
화 전문가를 수없이 찾아 헤맸어. 결국 나와 호흡을 맞추게 된 사람
은 이 업계에서 가장 잘나가던 전문 랩에서 일하던 친구였어. 그와
난 암실에서 톤에 대해 열띤 논쟁을 벌이곤 했지. 그렇게 해서 진정
한 파트너가 되었어.

내 사진의 눅눅한 질감, 초록색과 노란색의 톤, 마젠타Magenta와 흑
백의 톤은 모두 그의 손에서 탄생했어. 그렇게 몇 년 동안 손발을 맞
추며 일했는데, 디지털 사진 환경으로 바뀌면서 그는 일을 그만두었
어. 나는 색을 보는 그의 안목이 너무 아까워서 우리 스튜디오로 들
어오라고 제안했어. 포토샵을 배울 수 있게 해줄 테니 계속 나의 프
린트 전문가가 되어달라고 부탁했지. 그는 만날 암실에서 날밤을 세

웠는데, 컴퓨터 앞에서 또 그런 생활을 반복하기 싫다며 거절했어. 지금은 슈퍼마켓을 운영하고 있어.

그 후로도 내가 원하는 톤을 구현해줄 포토샵 전문가를 찾아 헤맸어. 굉장한 실력자를 소개받아 찾아갔는데, 안타깝게도 나와는 맞지 않았어. 아무리 설명을 해도 그 사람은 못 알아듣더라. 그때 깨달았어. 톤과 무드. 이건 각자 머릿속에 있는 것이어서 말로 설명하는 게 불가능하다는 것을. 내가 아무리 설명해도 그 사람 머릿속에서는 그 색감이 다르게 들어 있기 때문에 서로 맞추기 힘들 수밖에 없어. 그만큼 나한테 딱 맞는 리터처, 수정자를 찾는다는 건 행운이자 어마어마한 인연인 것이지. 사실 나는 아직도 그 인연을 만나지 못했어.

단 크로핑이든 포토샵이든 혹은 그 밖의 어떤 리터칭이든 최종 결정은 사진작가가 하는 거야. 무엇을 빼고 더할지, 모델의 피부를 얼마나 깨끗하게 다듬을지, 다리 길이를 어떤 비율로 늘일지, 이런 모두 세세한 사항이 작가의 눈으로 결정되어야 해. 클라이언트의 요구일지라도 다 들어주면 안 돼. 그들의 의견을 수용하되 의도한 이미지를 해치지 않도록 작가가 스스로 판단해서 고쳐야 해.

그러니까, 원칙은 리터칭이 필요 없도록 찍는 것. 그만큼 많이 생각하고 고민해서 찍어야 한다는 거야. 어떤 일이든 원칙을 지키는 한 적어도 그 결과에 대해서 후회할 일은 없을 거야.

때로는 아무것도 하지 말라

서수민 〈개그콘서트〉가 한창 인기를 누리고 있을 무렵, 한 가지 고민이 생겼어. 개콘에서 성장한 개그맨들이 그다음에는 어디로 가야 할까.

KBS 개그맨들에게 〈개그콘서트〉는 데뷔 무대이자 성장의 무대이고, 스타로 발돋움할 수 있는 무대이지. 그런데 그다음은 뭘까? 보통은 유재석이나 정형돈처럼 버라이어티쇼로 가서 고정 출연을 하거나 진행자가 되는 것을 꿈꾸는데, 그 길은 바늘구멍처럼 좁아. 또한 개그계에서는 이미 최고의 위치에 올라 있는데, 버라이어티쇼로 가면 다른 스타들을 받쳐주는 역할을 해야 하지. 개그를 통해 이룬 모든 것을 내려놓고 다시 바닥부터 시작해야 하는 거야.

나는 그것이 너무 안타까웠어. 개그 외에도 재능이 많은데, 그걸 제대로 보여줄 프로그램이 없으니까. 나는 이게 일정 부분은 KBS 예능국의 책임이라고 생각했어. 매년 개그맨을 뽑으면서 그들이 제대로 재능을 펼칠 수 있는 무대는 〈개그콘서트〉 외에는 제공하지 않잖아. 무책임한 거지.

그래서 CP가 되면서 오직 개그맨을 위한 프로그램을 하나 만들겠다고 다짐했어. 마침 〈밤샘 버라이어티 야행성〉과 〈스쿨버라이어티 백점만점〉 등을 연출한 신미진 PD가 새 프로그램을 기획하고 있었어. 그녀가 개그맨을 데리고 예능 프로그램을 만들어보겠다고 용기를 내어 나서주었어.

부지런한 그녀는 불과 며칠 만에 열 개나 기획을 해왔어. 그런데 이거다 싶은 게 하나도 없었어. 미안하지만 다 거절을 하고 다시 기획을 해오라고 했지.

며칠 후에 다시 기획안 하나를 들고 왔는데, 딱 보는 순간 너무 밋밋하다는 생각이 들었어. 개그맨들끼리 모여서 사는 모습을 그대로 찍는 콘셉트. 게다가 '휴대전화, 텔레비전, 인터넷 없이 일주일 살아보기', '생활 쓰레기 없이 일주일 살아보기' 등 주제도 너무 모호했어. 이걸 어떻게 꾸려나갈 생각이지? 이걸로 방송이 될까?

무엇보다 개그맨들이 이런 식의 리얼리티 방송에 적응할 수 있을까 걱정이 됐어. 진행을 해주는 메인 진행자도 없는 프로그램이니까. 사실 개그맨들은 늘 분장을 하고 캐릭터를 연기해왔기 때문에 아무 설정 없이 찍는 것을 불안해하는 면이 있거든. 특히 박성호는 자신을 드러내길 쑥스러워하고, 오히려 '갸루상' 같은 분장을 해야 편안해하지. 그런 개그맨들로부터 과연 자연스러운 재미를 뽑아낼 수 있을까?

그런데 나의 우려와는 달리 신미진 PD는 이 기획에 굉장히 집착했어. 이것만큼은 꼭 해보고 싶다며 강력한 의지를 보였어. 게다가 나영석 PD까지도 이건 꼭 해야 한다며 적극적으로 나왔어. 사실 신미진 PD가 이 프로그램을 기획할 때 옆에서 도와준 사람이 나영석 PD였거든. 나와 국장님이 그림이 잘 안 떠오른다고 불안해하자 나 PD가 말했어. 아무 그림이 안 떠오르는 게 버라이어티쇼의 시작이라고. 그림이 떠오른다는 건 뭐가 나올지 다 예상이 된다는 것이고, 그것은 이미 해온 프로그램의 재탕, 삼탕일 뿐이라고. 오히려 지금 필요한 건 한 번도 해보지 않은 거라고.

이들이 이렇게 고집을 부릴 정도라면 그냥 맡겨봐야겠다는 생각이 들었어. 나는 물론 국장님도 속으로는 별로라고 생각했지만, 직접 기획한 PD들이 이렇게 확신을 갖는다면 그땐 밀어주는 게 맞겠다고 생각했어. 그렇게 시작한 것이 바로 〈인간의 조건〉이었어.

나는 〈인간의 조건〉에 일절 관여하지 않았어. 그저 두 사람이 신나게 만들 수 있도록 CP로서 보조만 해주었지. 가끔 촬영장에 가면 개그맨들이 너무 평범하게 행동하고 있어서 이대로 괜찮을지 걱정이 됐지만, 나는 아무 말도 안 했어. 오히려 나영석 PD가 "선배, 이건 대박이야!" 하며 밀어붙여서 가능했어.

그렇게 해서 정규 편성으로 결정되기 전 시청자의 반응을 보기 위한 파일럿 프로그램 4회가 완성되었어. 나도 보고 깜짝 놀랐어. 우리 개그맨들이 그 밋밋한 설정 안에서 너무나 자연스럽게 '케미'를 만들며 녹아들어 있었어. 김준호는 평상시처럼 낄낄대면서 철없이 굴다가도 갈등이 생길 때는 여지없는 리더의 모습을 보여주고, 박성호는 김준호와 티격태격하면서도 가끔 툭 튀어나오는 속마음이 묵직한 여운을 주었지. 기타를 치며 노래를 하는 김준현, 스케줄이 없어서 혼자 숙소를 지키며 살림하는 양상국, 요리에 소질이 많아서 멤버들의 식사를 도맡아하는 정태호의 모습이 마음을 따뜻하게 해주었어.

무엇보다 생활에 꼭 필요하다고 생각했던 것들이 제거된 환경에서, 잊힌 것들을 소환하고 옆에 있는 사람과의 대화에 집중하고 기다림과 생각에 더 많은 시간을 쏟는 모습이 무척 감동적이었어. 그거야말로 〈인간의 조건〉이 시청자들에게 하고자 한 말이지.

이렇게 해서 전혀 기대하지 않았던 파일럿 프로그램이 정규 방송으로 편성되었어. 그 사이 나영석 PD는 tvN으로 옮겨서 〈꽃보다 할배〉를 만들었고, 〈인간의 조건〉은 신미진 PD가 전담했어. 신기했어. 오락적 요소도 약하고 인상적인 출연자나 강한 설정도 없는 방송이 10퍼센트 이상의 시청률을 2년 내내 유지했으니까. 시청자들에겐 현대문명의 이기를 포기한 상태에서 멤버들이 하나씩 적응해나가는 과정도 흥미로웠겠지만, 〈개그콘서트〉의 개그맨들이 무대 밖에서 어떻게 살고 있고 어떤 관계를 맺고 있느냐도 꽤 흥미로웠나 봐. 그런 의미에서 〈인간의 조건〉은 〈개그콘서트〉의 스핀오프, 파생 프로그램으로 다가온 거지.

"높은 자리로 올라갈수록 때로는 아무것도 하지 않는 게
가장 잘하는 거라는 생각이 들어."

제일 기쁜 건 개그맨들에게 〈개그콘서트〉 외에도 갈 곳이 있다는 희망을 보여준 거야. 굳이 버라이어티쇼의 진행자가 되지 않아도 개그맨들이 얼마든지 뻗어나갈 길이 있다는 가능성을 제시했으니까. 특히 김준호는 〈인간의 조건〉에 완벽히 적응하고는 〈1박 2일 시즌3〉에서도 신의 한 수가 되어주었어. 그는 캐릭터 간 조화를 돕고 어떤 상황에서도 코믹함을 잃지 않았지. 나는 김준호가 개그맨 후배들에게 좋은 본보기가 되고 있다고 생각해. 여전히 〈개그콘서트〉를 떠나지 않으면서도 버라이어티쇼와 리얼리티쇼를 다양하게 소화하고 있으니까. 후배들이 그를 보면서 코미디를 열심히 하면서도 얼마든지 영역을 넓힐 수 있다는 자신감을 갖는다면 그보다 더 기쁜 일은 없을 거야.

이후 〈인간의 조건〉은 개그우먼 특집으로 또 한 번 히트를 쳤어. 그들이 너무 재미있게 잘해준 덕분에 여자 편을 따로 만들어서 남자 편과 몇 주 간격으로 번갈아 나오게 되었지. 덕분에 개그우먼들까지도 다양하게 출연을 했어. 남자 개그맨만 기회를 갖는다며 소외감을 느끼던 여자들의 마음이 순식간에 풀렸어. 특히 김숙은 그 이후로 버라이어티의 블루칩이 되었어. 지금 그녀는 인생 최고의 전성기를 맞이하고 있지.

나는 앞으로도 이렇게 개그맨들이 뻗어나갈 수 있는 프로그램이 많이 만들어졌으면 좋겠어. 그래야 개그만 해도 먹고살 수 있다는 확신을 갖게 될 테니까. 〈인간의 조건〉이 성공하는 데 내가 잘한 일은 신미진 PD와 나영석 PD를 말리지 않았다는 것, 그것밖에 없어.

높은 자리로 올라갈수록 때로는 아무것도 하지 않는 게 가장 잘하는 거라는 생각이 들어. 후배들이 어떤 일에 의욕을 보일 때는 그만한 이유가 있는 거니까. 아무리 내 눈에 안 차더라도 한발 물러서서 뒷짐 지고 구경하는 게 좋아.

4장

모자람이 삶을 채운다

"결핍은 그런 것 같아. 없으면 훨씬 행복한 삶을 살았겠지만,

없었다면 오히려 아쉬웠을 그 무엇."

결핍이 나를 키웠다

조선희   가끔 어릴 때 할머니 집에 맡겨졌던 날이 희미하게 떠올라. 자지러지는 언니의 울음소리, 어쩔 줄 몰라 하던 엄마의 표정. 그때 나는 겨우 다섯 살이었는데, 언니가 너무 울어서 안타까워했던 기억이 나. 결국 엄마가 내 손을 놓았어. 언니를 할머니에게 맡기러 온 건데, 언니를 데려가고 나를 놓고 가기로 한 거야.

그렇게 내 운명이 결정되었어. 엄마 아빠와 떨어져서 쭉 유년기와 청소년기를 보내게 된 거지. 살갑지 않은 할머니와 손녀에게 유난히 냉랭했던 할아버지. 내 인격이 형성되는 중요한 시기에 이런 사람들과 함께 살았어. 바로 거기서부터 나의 결핍이 시작되었지.

내가 원하는 건 하나였어. 누구라도 좋으니 내게 관심과 사랑을 주었으면, 나를 예쁘다고 말해주었으면. 하지만 나는 할머니에겐 짜증이 많은 못난이였고, 할아버지에겐 쓸모없는 계집아이였어. 누구도 사랑을 주지 않는다고 느꼈어. 서러운 기억만 잔뜩 쌓였지.

중·고등학교 때는 한동안 큰아버지 집에서 통학을 했어. 고등학교 3학년 때는 독서실에서 살기도 했고. 그러다 우리 반 부잣집 친구가 자기 집에서 살자고 해서 들어갔는데, 학력고사를 볼 때쯤 쫓겨났어. 한 집에서 두 아이가 시험을 치르면 한쪽이 떨어지는 법이라며, 그 집 부모님이 나가달라고 했어.

부모님 집, 할머니 집, 큰아버지 집, 독서실, 친구 집……. 수없이 떠돌며 살았는데 어디에도 내 집은 없었고, 어디에도 나를 사랑해주는 사람은 없었어.

초등학교 6학년 때였을 거야. 왜관의 부모님 집에 왔다가 다시 대구로 가려는데, 아빠가 버스 정류장까지 바래다주셨어. 그때 아빠에게 물었어. "아빠, 나는 왜 엄마 아빠랑 같이 살 수 없어?" 아빠가 말했어. "미안하다, 지금은 엄마 아빠가 장사하느라 너희들을 다 돌볼 수가 없구나, 막내가 다 크면 그땐 꼭 같이 모여서 살자."

그런데 그때 이미 아빠는 몹쓸 병에 걸려 있었어. 간염에서 간경화로, 다시 간암으로 계속 악화되어서 마지막 3개월은 중환자실에서 보내셨어. 어느 날 아빠가 몹시 보고 싶어서 조퇴를 하고 무작정 왜관의 병원을 찾아갔어. 그런데 어린애 혼자서 병원 앞을 알짱거리니까 수위 아저씨가 들어가지도 못하게 하더라. 하는 수 없이 다시 대구 할머니 집으로 돌아왔는데, 다음 날 아침 일찍 숙모님이 깨우셨어. 왜관 집으로 가야 한다고.

그 순간 다 알았어. 아버지가 돌아가셨다는 것을. 차에서부터 엉엉 울었어. 집에 도착해서 하얀 광목이 아빠 얼굴을 덮고 있는 걸 보고 또 엉엉 울었어. 장례식 날 사람들이 아빠의 관을 땅속에 묻을 때에도 계속 울었어. 그렇게 첫 번째 죽음을 맞이했어. 그리고 나에게는 평생 고칠 수 없는 병이 생겼어. 사랑 결핍이라는 불치병. 결코 채워질 수 없는 마음의 병.

그런데 아이러니하게도 나의 인생은 바로 이 결핍 때문에 채워졌어. 사랑받겠다는 일념으로, 사랑스러운 존재가 되겠다는 욕심으로, 혹은 사랑받지 못하는 나를 위로하고 치유하고픈 마음으로 의미 있는 것을 하나씩 끌어들이면서 내 인생이 펼쳐지기 시작했어.

일단 나는 공부를 잘하진 못했어. 그저 중간 정도 성적에 만족하는 아이였는데, 3학년 때인가, 시험을 보는데 짝꿍이 같이 커닝을 하자고 했어. 그래서 선생님 몰래 서로 몇 문제 가르쳐줬지. 놀랍게도 그 시험에서 나는 전교 1등을 했어. 태어나서 처음으로 엄청난 관심과 칭찬을 받으면서 행복이란 게 이런 거구나 하고 느꼈어. 그때 결심했지. 공부를 열심히 해야겠다고. 누구한테도 사랑받지 못했던 나에게 공부는 유일한 돌파구였던 셈이야. 덕분에 촌년이 서울로 올라와 연세대 의상학과에 다닐 수 있었지.

그리고 사진. 내가 사진에 빠지게 된 것도 나의 애정 결핍 때문이었어. 사진을 하고 싶었던 이유도 고등학교 때 연모한 선생님이 사진반이라는 것 때문이었으니까. 그렇게 들어간 사진 동아리에서 나의 첫사랑이자 짝사랑을 만났지. 어떻게든 그의 관심을 끌고 사랑을 받고 싶었기에 열심히 사진을 찍었어. 그리고 끝내 그가 내 사랑을 받아주지 않았을 때, 내가 위로를 받고 도피한 곳도 사진뿐이었지.

그렇게 사진은 나의 전부가 되고 나의 세계가 되었어. 지금은 그 선배에게 고마워. 사랑을 줄 듯 말 듯 불명확한 그의 태도가 나를 더욱 사진으로 밀어 넣었으니까. 마침내 그에 대한 집착으로부터 벗어날 수 있게 되었을 때, 나는 사랑보다도 일과 성취에서 자아를 찾는 기쁨을 알게 됐어.

> "결핍은 그런 것 같아. 없으면 훨씬 행복한 삶을 살았겠지만,
>
> 없었다면 오히려 아쉬웠을 그 무엇."

그렇다고 나의 애정 결핍이 완전히 치유된 건 아니야. 나는 아직도 나에 대한 남편의 사랑이 부족하다고 느끼고, 가끔은 아들이 엄마 없이도 매우 잘 지내는 것에 슬퍼져. 또 드라마처럼 가슴 시리고 절절한 사랑이 너무나 하고 싶어. 내게 많은 책임이 지워진 것, 이 책임의 무게를 나눌 사람이 없다는 것이 너무나 서글퍼. 그럴 때마

다 나는 사진기 하나 달랑 들고 혼자 여행을 떠나. 낯선 여행지에서 발이 부르트도록 걸어 다니면서 이끌리는 모든 것에 셔터를 누르다 보면, 채워지지 못한 나의 마음이 그래도 이 정도면 괜찮다, 살 만하다, 위로하는 소리가 들려. 그렇게 또 고비를 넘기는 거지.

아마도 나는 평생 이 몹쓸 병을 극복하지 못할 거야. 꼬부랑 할머니가 된 그날까지도 사랑을 찾아 헤매며 무엇인가를 향해 카메라를 들이대겠지. 사랑을 얻지 못해 불행했지만, 한편으로는 그 불행으로 인해 내게 열정과 집착이 생겼어. 결핍은 그런 것 같아. 없으면 훨씬 행복한 삶을 살았겠지만, 없었다면 오히려 아쉬웠을 그 무엇. 결핍이 없었다면 내가 이렇게 사진을 열심히 찍었을까? 먹고살기 위해 이렇게 악착같이 노력했을까?

그래서 가끔 우리 아들을 보면서 애한테도 결핍이 필요하지 않을까 생각할 때가 있어. 모든 것이 풍족하게 주어지는 삶, 사랑받는 것이 당연한 삶이라면 과연 내 아들이 뭔가에 지독하게 꽂힐 수 있을까? 인위적으로라도 어떤 결핍을 만들어야 하는 것이 아닐까? 그런데 어느 순간 이런 걱정이 불필요하다는 걸 알게 됐어. 부모가 아무리 모든 것을 다 준다고 해도 아이들은 언제나 결핍을 느끼게 마련이니까. 심지어 우리 부모님도 그저 자식을 위해 최선을 다하셨던 것일 뿐 결코 나를 사랑하지 않으셨던 건 아니었으니까. 결국 내가 필요해서 만들어낸 결핍이었던 거야.

내 아들에게도 결핍이 있어. 바로 엄마와 보내는 시간에 대한 결핍이지. 그 아이는 아주 어린 나이부터 엄마가 바쁘다는 것을 알았고, 일하는 엄마 곁에 다가가서는 안 된다는 걸 받아들였어. 그래서 어린 나이부터 굉장히 조숙했어. 언젠가 아들을 내팽개치고 열흘 동안 요르단의 페트라와 와디 럼 사막을 다녀온 적이 있어. 공항에 도착하니 아들이 마중 나와 있더라. 나는 너무 찔리는데 아들은 이렇게 말했어.

"엄마, 내일부터 곧바로 일해요? 피곤해서 어떻게 해요?"

지금도 아들은 평일에는 나를 찾지 않아. 토요일이 되어야 엄마가 쉬고 있는 2층으로 올라오지. 나는 우리 아들 다 컸구나, 엄마 없이도 의젓하다 하며 좋아했는데, 어느 날 아이가 카메라 혐오증이 있다는 걸 알게 됐어. 카메라만 갖다 대면 얼굴을 가리고 몸을 뒤틀며 거부를 해. 처음에는 장난치는 줄 알았는데, 그게 아니었어. 사진 찍히기를 싫어하는 거야. 아마도 사진은 엄마를 빼앗아가는 경쟁자이니까.

그래도 나는 아들의 이러한 결핍에 대해 크게 걱정하지 않아. 아이에게 모든 것을 채워주려고 하는 것만큼 어리석은 건 없으니까. 나는 아들이 결핍을 통해 평생 자신을 쏟아 부을 수 있는 대상을 찾길 바라. 그것이 일이든 사랑이든 혹은 배움이든, 나는 전폭적으로 지지해줄 거야.

〈개그콘서트〉 시절, 두 딸을 데리고 개그우먼들과 함께 MT
를 간 적이 있어. 그날 우리 둘째 딸이 많이 까불었어. 원래 좀 웃기
는 구석이 있는데, 텔레비전에서 보던 개그우먼들을 만나니 더 흥
분했던 거지. 아이가 하도 웃기니까 그중 한 명이 말했어.

"어머, 너 나중에 개그우먼 하자. PD님, 애 개그우먼 시켜야겠어
요!"

그 순간 내 표정이 별로 안 좋았나 봐. 나도 모르게 머뭇거려졌어.
싫더라. 내가 모르면 모를까 이 직업을 너무나 잘 알고 있으니까.

두 딸은 남을 웃기려는 욕심이 있어. 나는 이것이 태교 때문이라
고 생각해. 첫째 아이를 임신했을 때 나는 〈폭소클럽〉을 연출했었
고, 둘째 아이를 임신했을 때에는 〈폭소클럽 2〉를 연출했어. 뱃속에
있을 때 그 안에서 엄마가 개그맨들과 일하는 소리를 들었던 거지.
그게 정말 영향이 있나 봐. 보통 아이들은 엄마 앞에서 재롱을 피울
때 "엄마, 나 예뻐, 안 예뻐?"라고 묻는데 우리 아이들은 달랐어.

"엄마, 나 웃겨? 안 웃겨?"

개그우먼, 정말 좋은 직업이지. 그렇지만 기본적으로 남한테 웃음
을 주기 위해 자기 자신을 희생해야 하는 직업이야. 나야 그들을 바
라볼 땐 재미있어 좋고, 대견하고 사랑스럽지만, 막상 내 딸이 그걸
하겠다면 말리고 싶은 마음이 컸어. 여자로 태어나 이왕이면 남한테

대접받고 살면 좋겠는데, 남을 웃기려고 애쓰며 살기보다는 남들이 웃기려고 애쓰는 그런 사람으로 살면 편할 텐데……. 나도 어쩔 수 없나 봐. 아이 앞에서 엄마는 이기적이 되는 것 같아.

아무래도 개그우먼의 캐릭터는 정형화되어 있어. 아주 못생기거나 뚱뚱한 캐릭터. 예쁘다면 심하게 싸가지가 없는 캐릭터. 혹은 아주 멍청하거나 4차원인 캐릭터. 이 범주에서 벗어나기 힘들어. 그래서 개그우먼들은 무대 위에서는 웃음 덕분에 박수를 받지만, 무대를 내려오면 타인의 웃음 때문에 외로워져. 못생긴 여자, 웃기는 여자, 대놓고 무시해도 되는 여자가 되지. 내가 일하면서 본 개그우먼들은 하나같이 다 참 예쁘고, 생활력이 강하고, 야무지고, 똑똑한 여성들이었어. 개그를 향한 그들을 열정을 보면서 나도 많은 것을 배웠지. 하지만 힘들어 보이는 순간도 많았어. 옆에서 그런 모습을 많이 보았기에 내 딸이 그 힘들고 고단한 길을 간다고 하면 말리고 싶은 마음이 커.

사실 나도 어릴 적 꿈이 남을 웃기는 것이었어. 초등학교 5학년 때 장래희망란에 '코미디언'이라고 적어서 낸 적이 있어. 그랬더니 담임 선생님이 나를 앞으로 나오라고 해서는 "코미디언이 하고 싶으면 웃겨 봐"라고 하셨어. 그 순간, 나는 아무 짓도 안 했는데 반 아이들이 깔깔 웃었어. 뭘 하기도 전에 코미디언이 되겠다는 것만으로도 웃겼나 봐. 나는 상처받았어. 이게 왜 웃기지? 내가 코미디언이 되고 싶다는 게 그리 웃긴 일이야?

웃기고 싶다는 것. 그건 곧 남의 마음을 얻고 싶다는 거야. 내 말과 행동에 상대방이 웃어주면 그 순간만큼은 그 사람의 마음이 나에게 왔다고 느끼지. 타인의 마음을 가져서 나를 채우는 기쁨. 그걸 느끼면 계속 웃기고 싶어져. PD가 프로그램을 만들 때도 마찬가지야. 시청자의 마음을 얻는 것. 쉽지 않지만 바로 그 기쁨으로 계속하는 거지.

어쩌면 내가 코미디언을 꿈꿨던 것도, PD가 되고자 한 것도 사람들의 마음을 얻고 싶어서였나 봐. 내 안의 결핍을 남의 마음을 얻는 것으로 채우려 한 거지. 어릴 적 나는 몸이 약한 언니와 하나뿐인 남동생 때문에 원하는 만큼 사랑을 받지 못했어. 엄마가 볼 때 두 사람은 챙겨줘야 먹는 것도 겨우 먹고 그랬는데, 나는 혼자 잘 먹고 알아서 쑥쑥 크는 아이니, 자연스레 두 사람한테 더 신경 쓰신 거지.

한번은 엄마가 나 몰래 보약을 지어서 두 사람을 먹인 적이 있어. 그런데 언니가 먹기 싫다며 그 보약을 나에게 줬어. 나는 그마저도 거절하지 않고 맛있게 먹었지. 씁쓸하니 좋더라. 그러다 엄마한테 들켜서 언니 보약까지 빼앗아 먹느냐며 무지하게 혼이 났어. 나는 아무도 나를 아껴주지 않는다는 생각에 밖으로 나돌았어. 집에 잘 붙어 있지도 않고, 밥도 친구들 집에서 더 많이 먹었던 것 같아.

그렇게 관심 밖의 둘째로 살다가 고등학교에 들어가면서 성적이 잘 나오기 시작했어. 내가 상장을 받아오니까 아버지가 굉장히 좋아하셨어. 공부를 잘하면 부모님이 관심과 사랑을 주신다는 걸 그때 알았어. 그때부터 까부는 걸 그만두고 공부를 했어. 한번은 전교 1등을 하자 아버지가 이곳저곳 전화를 걸어 우리 둘째 딸, 우리 둘째 딸 하며 자랑을 하시더군. 부모님의 자랑이 된다는 게 얼마나 행복한지 알게 되었지.

KBS에 입사해서 처음에 〈빅쇼〉라는 프로그램을 지망한 것도 아버지가 즐겨 보는 유일한 예능 프로그램이었기 때문이야. 결혼해서도 꿋꿋하게 아이 낳기를 미뤘던 내가 5년 만에 임신을 결심했던 이유 중의 하나도 아버지가 더 나이 드시기 전에 손주를 안겨드리고 싶은 마음 때문이었어. 나의 아이가 하루빨리 외할아버지의 사랑을 받게 하고 싶어서였는지도 몰라. 성인이 되어 결혼까지 하고 나이를 먹었음에도 여전히 아버지의 사랑을 얻는 일에 좌지우지되는 내 모습이 나도 참 놀랍더라.

결핍이라는 게 그만큼 무서운 거야. 평생 채우기 위해 애를 써도 잘 채워지지 않는 거니까. 하지만 결핍이 없으면 그것을 채우기 위한 열정, 의지, 간절함 같은 것도 없을 테니 꼭 필요한 것이기도 해. 그래서 결핍은 절망이면서 희망이고, 고통이면서 행복이고, 병이면서 또 약이기도 하지.

그래도 나는 이왕이면 우리 딸들의 결핍이 사랑에 있는 건 아니었으면 좋겠어. 사랑이 결핍된 것보다는 차라리 돈이나 기회, 이런 환경적인 것들이 부족한 편이 더 편해. 나는 딸들이 공부나 운동 등을 못해서 힘들어하는 것은 볼 수 있지만, 자존감이 없는 건 보기가 무척 힘들어. 그건 내가 충분히 사랑해주지 않았다는 뜻이 되니까. 그래서 매일 표현해. 내가 우리 딸들을 얼마나 사랑하고 있는지. 물론 아무리 해도 모자라겠지만.

만약 둘째가 정말로 개그우먼이 되고 싶어 한다면 어떻게 해야 할까? 결국 지지해야겠지. 부모 마음이야 웬만하면 힘든 일을 하지 않고 편하게 사랑받고 살았으면 하지만, 본인이 정말 원한다면 응원해야겠지. 다만 이 얘기는 해줘야 될 것 같아. 세상 모든 직업들이 그렇듯, 꿈이 현실이 되었을 때 오히려 힘들고 고단한 길의 연속이 된다는 것을. 세상은 보이는 그림이 다가 아니며 그 이면에 피와 땀이 있다는 것을. 그때도 후회 안 할 자신이 있다면 거침없이 너의 길을 가라고 말해야겠지.

부유한 속박보다는 가난한 자유

서수민 대학에 가서 내가 처음 가입한 서클은 '연영회', 즉 연세대 중앙사진동아리였어. 사진을 엄청나게 동경한 건 아니지만 고등학교 때부터 배워보고 싶었거든. 가입하고 일주일이 지날 무렵, 어떤 까무잡잡하고 촌스럽게 생긴 여자애가 다가와서 사진동아리에 가입하고 싶은데 동아리방이 어디에 있는지 아느냐고 물었어. 내가 친절하게 동아리방까지 데려다주었지. 그 아이가 바로 조선희, 너였어.

우리는 과 동기이자 동아리 동기로 한 2개월 정도 함께 사진을 배웠어. 그런데 기초 교육이 끝나고 각자 카메라를 장만해야 했을 때, 나는 동아리를 그만둘 수밖에 없었어. 당시 돈으로 한 학기 등록금 정도 되는 비싼 수동 카메라를 살 수 없었거든. 엄마에게 말을 꺼내긴 했지만 딱 잘라 거절하셨어.

학기 초에 전공 공부를 위해 10만 원짜리 재봉틀을 사야 할 때도 그랬어. 엄마는 무슨 대학이 등록금 말고도 그렇게 돈이 많이 드느냐며 한숨을 쉬셨어. 재봉틀은 카메라와는 달리 전공 공부를 위해 꼭 필요한 거라 사주긴 하셨지만.

부모님은 돈 문제에 있어선 언제나 분명하게 선을 그으셨어. 등록금은 주겠다, 나머지는 알아서 해라. 숙식은 서울에 친척들이 많으니까 그중 한 곳에서 지내면 된다고 생각하셨어. 우리 집이 가난했던 건 아닌데, 그렇다고 풍족하지도 않았어. 언니와 남동생까지 또래가 세 명이나 되다 보니 등록금 내는 것만으로도 벅차셨던 거야. 가끔 언니에게 나눠 쓰라며 보내주신 5만 원. 그게 내가 부모님께 받은 용돈의 전부였어.

그렇게 친척 집에서 한 학기를 살았는데, 너무 멀어 힘들었어. 통학하는데 서너 시간이 걸렸거든. 부모님께 상의도 하지 않고 학교 기숙사에 신청해서 합격했어. 식비까지 포함해서 8~9만 원. 그 정도 돈이라면 내가 아르바이트를 해서 충당할 수 있을 것 같았어.

기숙사 생활은 진짜 좋았어. 눈치 보지 않고 살 수 있는 내 공간이 있고, 때마다 밥도 주니까. 게다가 8~9만 원이면 학교 근처의 어떤 하숙집보다 저렴했어. 기숙사비 때문에 잡다한 아르바이트를 해야 했지만, 자유를 위해서라면 얼마든지 치를 수 있는 대가였지. 그런데 이 천국 같은 생활이 불과 한 학기 만에 끝이 났어. 연극 연습 때문에 귀가 시간을 지키지 못해서 경고 점수가 쌓이는 바람에 결국 쫓겨나고 말았지.

자취방을 알아보니 못해도 한 달에 20~30만 원. 게다가 밥값도 따로 들고. 어마어마하게 비쌌어. 어찌해야 좋을지 모르겠더라. 그때 선희 너와 이해관계가 맞아 떨어졌어. 너 역시 20만 원짜리 하숙집에서 나와서 좀 더 저렴한 자취방을 구하고 있었지. 우리 둘이 이화여대 주변 자취방을 샅샅이 훑었어. 마침내 보증금 50만 원에 월세 12만 원짜리 방을 찾아냈어. 6만원씩 나눠 내면 기숙사보다 싸다는 데에 환호성을 질렀지. 방은 큼직한데 부엌도 욕실도 없고, 화장실은 건물 밖에 있는 공용 화장실을 써야 하는 조건. 비가 오는 날이 제일 힘들었어. 화장실 갈 때 우산을 쓰고 가야 했으니까. 그 열악한 곳에서 살면서도 아무런 불만이 없었으니, 우리 둘 다 참 어지간히 궁하고 어지간히 무모했던 거야.

우리는 그 방에서 1년 정도 살았고, 이후로도 한 세 번 정도 같이 이사를 다녔어. 언제나 고만고만한 방, 지하 아니면 반지하인 방, 좀 불편하고 낡아도 월세가 그만큼 싼 방을 구했지. 너희 어머니가 너희 형제들을 위해 집을 마련해주실 때까지 줄곧 그런 집만 돌아다니며 살았어. 나는 너의 어머니가 장만해주신 그 집에도 몇 개월 얹혀 살다가 졸업을 앞두고서야 독립했지.

아무튼 대학을 다니는 5년 내내, 나는 가난과 싸워야 했어. 집에서 보내주는 돈이 거의 없었기에 늘 과외 아르바이트를 기본으로 깔고 여기에 설문지, 호프집, 자판기 관리 아르바이트 등을 했었어. 그 밖에도 연극반 선배를 따라다니며 공연장에 조명과 무대를 꾸미는 아르바이트도 했어. 하루 종일 페인트를 칠하고 3~4만 원 정도 받았어.

어느 날 급하게 5만 원이 필요해서 엄마에게 부탁하려고 전화를 걸었어. 공중전화비도 없어서 안내원을 통한 수신자 부담 통화를 신청하고 기다렸지. 잠시 후에 안내원이 말했어.

"어머니가 전화를 안 받겠다고 하십니다."

그때 좀 서운하긴 했지만, 엄마가 너무한다고 생각하지는 않았어. 오히려 죽이 되든 밥이 되든 내 힘으로 살아야겠다는 생각이 더 강해졌지. 정도의 차이는 있겠지만 당시에는 대부분의 부모가 이런 식이었던 것 같아. 대학에 갔으면 그때부터 알아서 하길 바라신 거지. 이제 아이가 아니라 성인이니까 자기 앞가림 정도는 스스로 해야 한다고 생각하셨어. 아마 그래서였나 봐. 대학 시절 그렇게 여러 번 이사를 다녔는데, 우리 부모님은 단 한 번도 내가 사는 곳이 어딘지 궁금해하지 않으셨어. 반찬을 바리바리 싸들고 자취방을 찾아오신다는 건 상상도 할 수 없었어. 그건 너희 어머니도 마찬가지였던 것 같아. 우리가 3년을 같이 살았는데, 그 사이에 너희 어머니를 뵌 적이 한 번도 없었으니까.

그때는 가끔 우리 부모님이 내게 이렇게까지 무관심해도 되나, 그런 생각도 했었어. 하지만 그게 아니었다는 걸 이제 알아. 부모님은 믿으셨던 거야. 내가 다 큰 성인이라는 걸 인정해주신 거야. 그래서 내가 어떤 집에 살든, 어떤 동아리에 가입을 하든, 어떤 진로를 선택하든 전혀 간섭하지 않으신 거야. 경제적 원조를 끊으신 것과 동시에 참견도 끊으셨지.

그래서 나는 참 자유롭게 살았어. 가난하게 살았지만, 그게 불행하다고 느끼지 못할 정도로 참 자유로웠어. 그래서 전공에 등을 돌리고 연극에 푹 빠져 살 수 있었고, 캠퍼스 커플로 연애도 실컷 했지.

집에서 용돈 받으며 편하게 대학생활을 하는 친구들이 부럽지 않았던 건 아니야. 하지만 나는 그때도 지금도 둘 중 하나를 선택하라면 부유한 속박보다는 가난한 자유를 택할 거야. 청년의 가난은 결코 불행하지 않아. 오히려 가난 속에서 사회가 돌아가는 개념도 익히고 생활력도 기르게 되지. 나는 내 청춘을 가난하게 보낸 덕분에 적은 돈을 쪼개서 쓰는 경제관념도 배웠고 저축도 할 줄 알게 되었어. 며칠 동안 라면만 먹어가며 돈을 아껴 정말 읽고 싶은 책 한 권을 장만했을 때의 희열, 낡은 코트 한 벌로 겨울을 보내고 무지 보고 싶은 연극 공연 표를 사는 인내, 그런 걸 체득했어. 그래서 나는 지금도 나를 위해 뭔가 근사한 것을 하고 싶을 때면 뭔가 하나를 포기하는 습성이 있어. 좋은 것은 쉽게 가져서는 안 되는 거니까. 꿈꾸고 노력하여 가까스로 손에 넣어야 그 소중함을 사무치게 기억할 테니까.

얼마 전에 두 딸한테도 얘기했어. 너희들 외할아버지 외할머니께서 엄마에게 그랬던 것처럼 나도 너희들이 스무 살이 넘으면 아무것도 주지 않을 생각이라고. 대학에 들어가면 등록금까지만 해주고, 뭘 배우고 싶다면 학원은 끊어주겠다, 대신 독립과 자유를 주겠다고 선언했지.

엇갈린 반응이 나오더라. 중학생인 첫째는 흔쾌히 동의했는데, 초등학생인 둘째는 있을 수 없는 일이라며 펄쩍 뛰었어. 그러더니 이러더라.

"엄마, 이렇게 하자. 나 대학 안 갈게. 등록금 안 대줘도 돼. 그러니 식비는 계속 좀 줘. 난 식비가 없으면 안 될 것 같아."

등록금 대신 식비를 달라니. 너무 귀여워서 아무래도 식비를 줘야 할 것 같아.

빠르게 얻는 것은 없다

조선희 　사진작가로 활동을 시작할 때 내가 가장 많이 들었던 말 중하나가 "김중만 선생님과 비슷하다"였어. 일하는 방식, 사진을 찍는 포즈, 심지어 사진을 보는 안목과 내가 찍은 사진까지도 김중만 선생님과 비슷하다는 얘기를 자주 들었어.

뭘까? 뭐가 비슷하다는 걸까? 선생님 밑에서 어시스턴트로 3년을 일하긴 했지만, 선생님과 나는 성격도 취향도 다르고 사진을 찍는 스타일도 완전히 다른데, 왜 사람들은 비슷하다고 하는 걸까?

내 밑에서 3년 동안 어시스턴트를 한 후 독립한 지은이라는 친구가 있어. 지은이 역시 어딜 가도 조선희 작가랑 비슷하다는 소리를 그렇게 듣는대. 우리 둘이 같이 있으면 사람들이 지은이의 뒷모습을 보고는 "조선희 작가님, 안녕하세요?"라고 인사를 해. 왜 그러지, 우리 둘은 전혀 닮지 않았는데?

누군가에게 배운다는 것이 이렇게 무서운 건가 봐. 그저 기술과 노하우만 배우는 게 아니야. 그 사람의 모든 것, 즉 표정, 말투, 행동, 심지어 사고방식까지도 고스란히 전수가 되지. DNA까지 물려받는다고 해도 과언이 아니야.

나는 그 이유가 함께 보낸 시간 때문인 것 같아. 길게는 5년, 적어도 3년의 시간을 날마다 함께 보내면서 제자는 스승의 일거수일투족을 보고 듣고 느끼는 거니까. 그 모습 중에는 존경할 만한 것도 있고, 절대로 닮고 싶지 않은 것도 있겠지. 때로는 대단하다 감탄도 하고, 때로는 투덜투덜 욕도 하겠지. 그러나 자신도 모르는 사이에 스승의 모든 것이 내 안으로 서서히 스며든다는 것을 제자는 꿈에도 모를 거야.

나도 그랬어. 나도 김중만 선생님 밑에서 뭘 배우는지, 심지어 왜 계속 일해야 하는지 몰랐어. 어시스턴트가 되고 싶다는 간절한 마음으로 편지를 쓰고 어시스턴트가 된 지 몇 개월밖에 지나지 않았는데, 그 마음을 깡그리 잊은 채 그만둘 궁리를 하고 있었어. 카메라를 들고 어디 가서 아르바이트를 해도 이것보다는 돈을 더 벌 텐데, 선생님이 사진 찍는 걸 보니 별것 없는 것 같은데, 뭘 정확히 가르쳐주시는 것도 아니고, 그저 뒤치다꺼리만 하고 있는 내가 한심했어.

하지만 참았어. 그래도 뭔가 선생님께 배울 게 있겠지 생각해서

가 아니야. 애초에 내가 한 말, 월급도 다른 것도 필요 없으니 제발 어시스턴트로 일하게 해달라고 한 그 간절한 말을 번복할 수 없었기 때문이야. 사진을 전공하지도 않은 단발머리 촌년, 어디서도 환영받지 못하는 비주류를 선뜻 받아주신 분인데, 이제 와서 마음이 달라졌다며 떠난다는 게 왠지 배신처럼 느껴졌어. 그래서 몇 달 주기로 그만두고 싶은 병을 호되게 앓으면서도 꾸역꾸역 그분 옆에 붙어 있었어.

그리고 마침내 3년을 꽉 채우고 독립하게 되었지. 내가 의도적으로 독립한 게 아니라, 선생님이 개인 사정으로 미국으로 떠나시면서 반강제로 독립하게 되었어.

그리고 나중에 깨달았어. 내가 배우는 게 없다고 생각했던 그 시간들, 뒤치다꺼리만 한다며 한심하게 여겼던 나날들이 사실은 엄청난 배움의 시간이었다는 것을. 나는 머리부터 발끝까지 선생님과 비슷해져 있었어. 물론 선생님과 나는 성격도 다르고 취향도 다르지만, 일을 풀어나가는 방식과 사진에 대한 태도, 특히 사진을 찍기 전에 생각하는 방식이 묘하게도 닮아 있었던 거야. 선생님이 한 장의 작품을 찍기 위해 했던 모든 과정들, 그것이 내가 느끼지도 못하는 사이에 내 것이 되어 있었어.

지은이도 그래. 사람들이 그녀를 '조선희 미니미'라고 부르는 데는 다 이유가 있어. 그녀는 원하는 대로 찍고야 마는 고집쟁이에 주변 사람들과 툭하면 충돌하는 다혈질이야. 내 밑에서 못된 걸 다 배우고 나간 거지. 그래서 그녀를 볼 때마다 왠지 나쁜 것만 물려준 것 같아 미안해져.

사진을 찍어온 지 20년. 지금까지 나를 거쳐 간 어시스턴트가 족히 100명은 넘을 거야. 하지만 그중에 정말 나의 제자라고 말할 수 있는 사람, 어디 가서 내 스승은 조선희라고 당당히 말할 수 있는 사람은 여덟 명밖에 되지 않아. 3년의 어시스턴트 기간을 꽉 채운 사람이 그것밖에 되지 않는 거야.

너무 힘들어서 그런가? 물론 힘들겠지. 특히 나처럼 괴팍하고 함부로 말하는 사람 밑에서 3년을 견딘다는 게 쉽지는 않겠지. 하지만 다른 작가라고 쉬울까? 나는 그 마음을 잘 알아. 처음에는 사진에 대한 불타는 열정과 간절한 마음으로 나를 찾아왔겠지. 그러나 한 3개월쯤 나의 폭풍 성질을 받아주다 보면 자기가 뭘 배우고 있는지, 왜 여기에 있는지 의문이 들기 시작할 거야. 그때부터 그만두어야 하는 이유를 찾기 시작하겠지. 유학을 간다, 여행을 떠난다, 부모님이 아프다, 월급이 적어서 생활이 힘들다 등 이유는 얼마든지 있어. 내 앞에서 받아만 주면 열심히 하겠다고 간절하게 부탁했던 게 엊그제인데, 이제 그 마음은 온데간데없이 사라진 거야.

그래서 나는 이제 되도록 내 밑에서 일하고 싶다는 간절한 편지, 이메일, 전화 등은 무시하려고 해. 간절함은 얼마든지 변할 수 있다는 걸 깨달았으니까. 처음의 간절함이 사라지고 나면 그때부터는 자신이 뱉은 말에 대한 책임감으로 버텨야 하는데, 그건 편지나 전화로 알 수 있는 게 아니라는 걸 알게 되었거든. 특히 3년쯤이야 얼마든지 버틸 수 있다고 자신 있게 말하는 사람, 월급을 안 줘도 된다고 큰소리치는 사람일수록 나는 믿지 않아. 열정이 클수록 그것이 식는 속도도 빠른 법이지.

"세상에 빠르게 가질 수 있는 것은 없어.
무엇이든 제대로 할 수 있게 되려면
적어도 3년, 길게는 5년에서 10년이란 시간이 필요해."

그러면 뭘 보고 사람을 뽑아야 할까? 한 10년 정도는 나도 많이 헷갈렸어. 열정도 보고, 사진 찍는 실력도 보고, 또 냄비 같은 내 성격을 견뎌야 하니 인성도 봐야 한다고 생각했지. 면접 때에는 꼭 포트폴리오를 챙겨오라고 말하곤 했어. 하지만 이젠 필요 없어. 그냥 인연일 뿐이야. 내가 필요로 하는 시기에 내 밑에서 일하고 싶다고 찾아온다면 일단은 기회를 줘. 인연이라면 오래 함께할 것이고, 인연이 아니라면 자기 발로 나갈 거야. 그 사람 마음대로 되는 것도 아니고, 내 마음대로 되는 것도 아니야. 그저 인연일 뿐이야.

오래전에 남편의 제자였던 축구선수가 내 밑에서 일하겠다며 나를 찾아왔어. 초등학생 때부터 축구만 하며 살아온 친구인데, 큰 수술을 한 뒤 재활에 실패했대. 크게 좌절하고 오래 방황할 줄 알았는데, 이 친구가 남편한테 그러더래. 사진작가가 되고 싶은데 사모님을 소개해달라고.

사진에 대해서 아무것도 모르는 열아홉 소년. 나도 반신반의하며 그 아이를 받아들였어. 그런데 특이한 점이 있어. 내가 아무리 괴팍하게 굴어도, 화를 내고 난리를 쳐도 이 아이는 얼굴이 구겨지는 법이 없어. 굉장히 유머러스하게 "예, 선생님. 지금 해결하겠습니다"라고 말하는 거야. 너무 아무렇지도 않게 받아주니까 오히려 화를 낸 내가 무안할 지경이었어.

이게 나와 아주 잘 맞았어. 그동안 나를 거쳐 간 대부분의 어시스턴트들은 내가 던지는 말에 상처를 받고, 그 감정을 차곡차곡 쌓아두었다가 한꺼번에 터뜨리기 일쑤였는데, 이 아이는 그러는 법이 없었어. 언제나 한결같이 밝고 편하게 일했어. 내가 화르르 화를 내면 그걸 능숙하게 받아서 찬물에 푹 담가 식혀주는 느낌. 그래서 이 아이가 보조를 해주면 소리도 덜 지르게 되고 유쾌하게 사진을 찍을 수 있었어.

열아홉밖에 안 된 아이가 어떻게 그런 내공을 쌓았을까? 아마도 그건 어릴 적부터 운동을 하면서 코치, 감독, 선배 등을 통해 사람을 대하는 법을 배웠기 때문일 거야. 또 축구선수의 꿈을 접고 새로운 삶을 모색하면서 또래보다 성숙한 내면을 갖게 되었던 거지.

결국 이 아이는 3년의 어시스턴트 기간을 꽉 채웠어. 그리고 일본으로 사진 유학을 떠났지. 가면서 나에게 돌아오겠다고 약속했어. 말도 안 되지. 유학 갔다 돌아오면 더 근사하게 작가 생활을 시작할 수 있는데 왜 내 밑에서 또 일해? 그냥 하는 말이겠거니 생각했어. 그런데 그는 일본에서 유학하는 3년 동안 한국에 올 때마다 내게 들러 안부를 전했고, 그 3년이 지난 뒤에 다시 내 밑으로 들어와서 또 3년간 어시스턴트로 일을 했어. 그 사이 그는 실력과 인성을 겸비한 훌륭한 사진작가로 성장했고, 드디어 독립해서 자신의 스튜디오를 열었어. 지금 잘나가는 사진작가야.

이것을 인연이 아니라면 무엇으로 설명할 수 있겠어? 훌륭한 보조는 하늘이 내게 보낸 선물과도 같다는 걸 이제 깨달았어. 왔다가 사라지는 사람들에게 배신감을 느낄 것이 아니라, 이렇게 내 옆에 오래 남아주는 사람들에게 감사함을 가져야 한다는 것도. 이건 정말 보통 인연이 아니니까.

단 뭔가를 시작하려는 사람들에게 이 말만은 꼭 해주고 싶어. 세상에 빠르게 가질 수 있는 것은 없어. 무엇이든 제대로 할 수 있게 되려면 적어도 3년, 길게는 5년에서 10년이란 시간이 필요해. 설사 시간 낭비하는 것처럼 느껴진다 해도 잘 견뎌야 해. 거기서 박차고 나오면 그거야말로 시간 낭비가 되고 말 테니까. 세상의 모든 전문가들은 바로 그 시간을 잘 견디고 올라선 사람들이야. 올라가면 알게 될 거야. 그 시간이 결코 허송세월이 아니었다는 것을. 내가 모르는 사이에 몸에 스며들 듯이 필요한 모든 지식과 기술을 흡수했다는 것을.

만약 내가 중간에 김중만 선생님을 떠났다면, 나는 절대로 지금의 내가 되지 못했을 거야. 그저 선생님의 어시스턴트였던 것을 들먹거리며 싸구려 사진을 몇 번쯤 찍다가 이 바닥에서 사라졌을지도 몰라. 생각만 해도 아찔하지.

된만다 선 것이 있다

서수민　〈개그콘서트〉가 어느 정도 궤도에 올랐을 무렵, 내게도 종합편성채널에서 러브콜이 왔어. 오겠다고만 하면 당장 몇 억을 주겠다는 제안을 받으니, 솔직히 흔들리더라.

사실 그동안 나는 돈 때문에 타 방송사로 옮기겠다는 생각은 전혀 해본 적이 없었어. 그런 러브콜이 들어온 적도 없었지만, 들어온다 해도 불과 몇 억에 옮긴다는 건 무모하다고 생각했어. 몇 억을 받아 봤자 세금을 내고 나면 절반으로 줄어들 거고, 그러고 나면 당장 뭔가를 보여줘야 한다는 중압감밖에는 남는 게 없을 테니까. KBS 안에서 내 입지가 대단한 것은 아니었지만, 그래도 여기는 언제나 해야 할 일이 주어지고 나가라는 압력도 없으니 훨씬 안정적이잖아.

그런데 막상 제안이 들어오자 그 몇 억이 굉장히 커보였어. 그 돈이면 지난 몇 년간 줄어들지 않는 대출금을 갚을 수 있고, 아이들 교육비도 좀 더 쓸 수 있을 테니까. 맞벌이를 20년 넘게 했지만 아직 아파트 한 채 사지 못한 우리 부부에게 가뭄에 단비가 될 것 같았어.

그래서 〈개그콘서트〉를 담당하는 CP 선배에게 상의를 했어. 흔들린다, 가고 싶다 털어놓으니 선배가 굉장히 놀랐어.

"진심이야? 그 몇 억 때문에 나가려는 거야?"

그러고는 아무 말도 하지 않았어.

다음 날, 선배가 나를 불러서 갔더니 종이 한 장을 내밀었어.

"자, 계약서야. 내가 돈 줄 테니까 종편 가지 말고 나랑 계약하자."

그건 〈개그콘서트〉 연출 계약서였어. 총액 100만 원에 50만 원 선지급. 나머지 50만 원은 〈개그콘서트〉 연출이 종료되는 시점에 지급한다. 이 계약은 서수민이 임신을 하거나 〈개그콘서트〉의 시청률이 10위권 밖으로 떨어지면 무효가 된다.

어이가 없더라. 몇 억 때문에 나가고 싶다는 나를 100만 원으로 붙잡겠다니. 그것도 선지급금이 50만 원? 내가 어이가 없어 입만 벌리고 있자 선배가 말했어.

"왜? 너무 큰 금액이라 떨려?"

뭐에 홀렸는지 나는 그 계약서에 사인을 하고 말았어. 그리고 다음 날, 정말로 50만 원이 입금되었단 문자를 받았어. 돈까지 받았으니 정말로 계약이 성사된 거야.

나 정말 이 계약 때문에 못 나갔어. 이후로도 종편에서 제안이 왔지만, 나는 이미 계약한 몸이기에 흔들리지 않을 수 있었어. 바보 같지만 내게 이 계약은 돈보다 더 강력한 힘을 발휘했어. 왜 그랬을까? 나를 필요로 한다는 것, 진심으로 내가 있어주길 원한다는 것. 그 마음이 전달되었기 때문일 거야.

그 이후로 〈인간의 조건〉도 만들고, 〈슈퍼맨이 돌아왔다〉, 〈1박 2일 시즌3〉, 〈유희열의 스케치북〉도 맡고, 마지막으로 〈어서옵Show〉에 웹드라마 〈마음의 소리〉까지 만들었지. 그리고 이렇게 좋은 기회를 만나 프로덕션을 차리게 되었어. KBS에서 성장한 내가 KBS의 투자를 받아 프로덕션을 차려 독립했으니 무척이나 감사한 일이지.

그때 내가 50만 원을 받고 몇 억을 포기한 건 잘했다, 잘못했다의 문제가 아니야. 몇 억을 받고 옮겼다면 그곳에서 악착같이 일해서 또 다른 모습으로 살고 있겠지. 단지 나는 세상에 돈보다 훨씬 힘세고 의미 있는 것이 있다는 말을 하고 싶어. 세상에는 대기업의 고액 연봉을 포기하고 창업을 하는 사람도 있고, 수년간 품어온 여행의 꿈을 위해 전세금을 빼서 짐을 꾸리는 사람도 있어. 또 나를 필요로 하는 단 한 사람의 진심, 그것만으로 충분한 사람도 있지.

돈이 매우 중요한 문제인 것은 분명해. 하지만 경험과 마음이 돈보다 훨씬 중할 때도 있어. 어떤 회사 프로모션 물품 중에 재미있는 문구를 본 적이 있어. 기념품으로 때밀이를 나눠줬는데, 거기에 적힌 문구가 위인들의 명언보다 더 가슴에 박히더라.

"다 때가 있다."

청년들과
영감을 나누라

조선희 　사진작가로서 이름이 꽤 알려지던 무렵, 어느 대학에서 전화가 왔어. 커머셜 사진에 대해 한 학기 동안 강의를 해달라는 요청이었어. 전화를 끊고 한동안 팔이 부들부들 떨리며 진정이 되지 않았어. 비전공자라는 이유로 차별과 냉대를 받았던 내가 대학 강단에 올라 사진 전공생들을 가르친다니! 마치 나의 노력과 실력에 대한 보상과 승리처럼 여겨졌지.

　그런데 막상 가르치게 되자 뭔가 불안했어. 뭐지? 내가 왜 이러지? 계속 그런 마음으로 학생들을 가르치려니 굉장히 불편하더라. 나중에야 알았어. 나는 사진을 스스로 연구하며 터득해온 사람이었기에 가르친다는 게 뭔지 몰랐던 거야. 내게 사진은 혼자만의 외로운 싸움, 묵묵한 정진이었어. 이런 내가 과연 남에게 사진을 가르칠 수 있을까?

결국 1년 반 만에 그만두었어. 자리는 탐났지만 내가 줄 수 있는 게 별로 없었으니까. 그 상태로 가르치는 게 꼭 사기를 치는 것 같은 기분이 들었어.

그러다가 몇 년 후에 다른 대학으로부터 또 제안을 받았어. 그 순간 내가 달라졌다는 걸 알았어. 더 이상 으쓱하지도 자랑스럽지도 않았어. 그렇다고 불안하지도 피하고 싶지도 않았어. 예전과 달리 가르친다는 게 가볍게 다가왔지.

사진은 가르칠 수 없다. 이 사실을 인정하니까 편해진 거야. 가르치는 건 없어. 단지 나눌 뿐이지. 생각, 아이디어 그리고 사진에 대한 태도를 나누는 것이지. 내가 좀 더 경험이 많으니까 줄 수 있는 게 더 많을 것 같지만, 그것도 교만이야. 오히려 그들의 열정, 감각, 재능, 이런 것들이 나보다 훨씬 젊어서 내가 받는 게 더 많을 수도 있어. 그러니 내가 할 일은 그들의 이야기에 귀를 기울이고, 그들을 친구로 대해주고, 그들이 생각한 것을 실행에 옮길 수 있도록 어시스턴트가 되어주는 거지.

이렇게 정리를 하고 나니 가르치는 일이 아주 즐거웠어. 나는 강단에 서서 셔터 속도에 대해, 조리개 값에 대해 이러쿵저러쿵 가르치는 강의는 일절 하지 않아. 그보다는 과제를 주고 학생들이 그것을 수행하는 것을 돕는 역할을 해. 어떤 사진을 찍겠다는 기획부터 시안 준비, 장소와 모델 선정, 촬영, 보정, 인쇄 등의 단계에 모두 함께해. 내 역할은 어디까지나 어시스턴트이기 때문에 모든 결정은 학생들이 해. 나는 그저 그들이 놓치는 부분을 알려주고 이끌어줄 뿐이야.

> "젊어지는 방법은 보톡스도 성형 수술도 아니야.
> 젊은 사람과 함께하면서 생각을 젊게 하면
> 외모는 저절로 젊어지게 돼 있어."

물론 잘못됐다고 느낄 때, 노력이 부족하다고 느낄 때는 학생들에게 목소리를 높이고 눈물을 쏙 빼놓기도 해. 내 수업은 매주 촬영 과제가 나가는 고된 과정이야. 한 학기를 몽땅 투자하겠다고 마음먹지 않으면 신청하기 쉽지 않지.

바쁜 일정을 뒤로 하고 매주 한 번씩 학생들을 만나기 위해 먼 남쪽 지방까지 간다는 게 쉬운 일은 아니야. 그럼에도 그렇게 하는 이유는 내가 더 많이 배우기 때문이야. 요즘 젊은 친구들의 생각과 감성, 삶과 일상 들을 함께 나누면서 내가 나이 들어가고 있다는 것도 느끼고, 때로는 자극도 받고, 돈으로도 살 수 없는 풍부한 영감을 받아서 돌아오지.

나는 기성세대가 말끝마다 한탄하듯이 "요즘 것들은", "요즘 애들은" 하지 않았으면 좋겠어. 우리가 나고 자란 시대와 완전히 다른 시대에서 태어나 완전히 다른 방식으로 길러졌는데, 어떻게 우리와 똑같을 수 있겠어. 깊은 고민도 생각도 없고, 철도 없어 보이지만, 사진을 보면 그렇지 않다는 걸 알 수 있어. 이들에게도 상처와 결핍, 외로움 등 하고 싶은 이야기가 쌓여 있어. 더구나 이들은 누구나 카메라 한 대씩을 들고 다니는 시대에, 이미 수많은 파격과 혁신이 일어난 시대에 사진을 하고 있기 때문에 더 힘겹게 자기 것을 찾으려 애쓰고 있어.

나이가 들수록 일부러라도 젊은 친구를 만들기 위해 노력해야 해. 젊어지는 방법은 보톡스도 성형수술도 아니야. 젊은 사람과 함께하면서 생각을 젊게 하면 외모는 저절로 젊어지게 돼 있어.

서수민 처음 〈뮤직뱅크〉를 맡았을 때 나도 굉장히 당황했어. 나름 음악을 좀 듣는다고 생각했는데 주로 다루는 최신 가요, 즉 걸그룹과 아이돌의 노래는 너무나 빠르고 어렵더라. 내가 음악에서 찾는 것은 위로, 화합, 감동 같은 것이었는데 그들의 노래는 내가 따라가기에도 벅찬 언어들로 가득했지. 도대체 이 음악들은 뭘까? 젊은 사람들은 왜 이런 음악을 듣는 걸까?

어쨌든 〈뮤직뱅크〉를 연출하려면 꼭 알아야 하는 곡들이었기에 열심히 들었어. 아니, 공부하듯이 외웠어. 그룹 이름도 외우고 멤버들 이름과 얼굴도 외우고, 멜로디와 가사를 적어가며 들어봤어. 시간이 지나자 마치 그들이 내게 말을 거는 것처럼 서서히 들리기 시작하더라. 귀에도 착착 감기고, 가사에서도 재미와 위트가 느껴지기 시작했어. 듣다 보니 비슷했어. 사랑, 외로움, 고백, 이별, 슬픔……. 노래를 통해 말하는 방식이 다를 뿐 하고자 하는 얘기는 내가 젊을 때와 크게 다르지 않았지.

물론 이 노래들이 내 감정까지 어루만져주는 일은 끝내 일어나지 않았어. 외롭거나 슬플 때는 아무래도 김광석, 이문세, 이선희 등 익숙한 노래를 듣게 되더라. 〈뮤직뱅크〉는 오히려 내가 구경하는 프로그램이라 할 수 있을 것 같아. 어쩌면 음악의 기능 자체를 구세대와 신세대가 다르게 생각하는지도 몰라. 구세대가 음악을 통해 감동과 위로를 받고 싶어 한다면, 신세대는 흥과 활력, 재미를 얻거나 현실 도피를 추구하는 것 같아.

〈뮤직뱅크〉를 그만둔 후에도 나는 계속 젊은 사람들의 음악을 듣고 가사를 들여다보고 어떤 신인 그룹이 등장했는지 주기적으로 체크하고 있어. 아마 예능 PD들은 다 이렇게 하고 있을 거야. 10대~20대들이 뭘 좋아하는지 알아야 그것을 반영해 좋은 기획을 할 수 있으니까. 예능 PD들에게 젊은 세대는 언제나 영감의 원천이자 연구 대상이고 잠재적 고객인 셈이야.

　나는 부모들이 잔소리만 하지 말고, 아이들이 무슨 음악을 듣는지 들어보았으면 좋겠어. 얄팍하다, 가볍다 판단하지 말고, 그저 요즘 아이들은 이런 데에 관심이 있구나, 이런 가사에 공감하는구나, 이해하는 방법으로서 들어보았으면 해. 사회에서 좋은 어른이 되는 방법과 가정에서 좋은 부모가 되는 방법은 결코 다르지 않아. 말은 줄이고 귀는 열어두는 것. 이해할 수 없더라도 이해하려고 노력하는 것. 우리 시대의 잣대로 그들을 판단하지 않는 것. 어차피 지금은 그들의 시대니까.

흐르는 눈물을
내버려두라

서수민   2016년 8월, KBS에 사표를 냈어. 그만두는 날, 예능국 동료
들이 환송회를 열어줬어. 환송회라니 쑥스럽더라. 신입사원 환영회
도 겸한다 하니 굳이 안 가도 되지 않을까? 사실 나는 내가 주목받
는 자리가 정말 불편해. 특히 생일. 사람들이 나를 위해 불 켜진 케
이크 주변에 옹기종기 모여 전부 나만 바라보면서 웃는 것, 진짜 부
담스럽거든.

그래도 20년 직장생활을 끝내는 환송회이니 가보자는 생각이 들었
어. 조금만 있다 얼른 나오자, 이건 일종의 내 퇴임식이다 생각하며.

가보니 다들 내가 그만두는 것을 은근히 축하하고 있다더라. 작
은 호프집에서 석별의 정을 나누겠다고 모두 모여 안주와 함께 술잔
을 기울이고 있었어. 그런데 들어오는 후배들 얼굴 하나하나 보는

데 너무 예쁜 거야. 그간 나와 함께했던 인연과 추억을 이야기하는
데 가슴이 먹먹해지기 시작했어. 후배 한 명이 재직기념패를 만들어
왔어. 많은 사람 앞에 두 손 모으고 서서 기념패에 쓰인 문구를 듣고
있는데, 결국 눈물샘이 터지고야 말았어.

"지난 20년간 탁월한 제작 역량으로 KBS 예능 프로그램의 발전을
위해 노력하신 귀하의 공로에 진심으로 경의를 표합니다. 그동안 동
고동락했던 6층에서의 인연이 서로의 마음에 영원하길 바라며 귀하
의 앞날에 무궁한 발전을 기원합니다. 가시는 길마다 대박 나시길.
한국방송공사 예능 PD 일동."

눈물이 주르륵 흘렀어. 후배도 읽다가 훌쩍 같이 울었지. 다들 당
황하기 시작했어. 왜 울지? 왜 우니? 어울리지 않지. 내가 사람들 앞
에서 코를 훌쩍거리며 우는 모습은 처음일 테니까. 코끝이 시큰해지
는 정도는 있을 수 있는데, 이렇게 눈물 콧물을 줄줄 흘리는 건 정말
이지 처음이었어.

그때부터 나는 계속 울었어. 토끼처럼 눈이 새빨개져서 훌쩍거리
며 동료들과 술잔을 부딪쳤어. 조금 진정되어 괜찮다 싶다가도 후배
녀석이 "누나, 그동안 싸우며 사느라 고생했어요"라고 말하는 순간,
또 주르륵 눈물이 떨어졌어. 수고했다, 고생했다, 힘들었지, 앞으로
그리울 거야, 잘사나 보자. 사람들이 하는 모든 말에, 케케묵은 기억
을 꺼내며 낄낄거리는 순간에도 눈물이 줄줄 흘렀어.

"수민아, 너 오늘 왜 이러니? 너 미쳤니?"

선배들이 나를 놀리는데 화가 나기는커녕 왜 계속 눈물만 흐르는지. 참 부질없구나. 그동안 우는 모습을 안 보이려고 그토록 꽁꽁 싸매고 살았는데, 이렇게 바보같이 들켜버리다니. 20년 동안 단 한 방울도 흘리지 않았던 눈물을 마지막 날 다 흘려버렸으니 그동안의 노력이 다 헛수고가 되어버린 거야.

그런데 굉장히 후련했어. 마치 사람들 앞에서 "이게 내 모습이야!" 하며 커밍아웃 한 기분이었어. 두꺼운 껍질을 벗어버리고 사람들 앞에서 펑펑 울고 있는 내가 자랑스러웠어.

그래, 진작 이럴 것이지. 나는 왜 그동안 내 감정을 표현하는 걸 그토록 두려워했을까? 무엇이 그렇게 두려워 울지 않으려고 악착같이 버텼던 걸까?

어려서부터 그랬던 것 같아. 울면 지는 거라고 생각했어. 우는 건 나약하다는 걸 인정하는 거고, 사람들에게 위로나 도움을 요청하는 행동이라고 생각했거든. 어떤 계기가 있는 건 아닌데, 그런 생각이 어릴 적부터 몸에 배어 있었던 것 같아. 절대로 사람들 앞에서 울어서는 안 된다, 우는 건 바보다, 더 강해지자.

대학에 가서도, 직장에 들어가서도 나는 좀처럼 울지 않았어. 정 눈물을 참을 수 없을 때에는 혼자서 몰래 울었어. 사람들 앞에서 눈물을 흘린 일은 정말이지 없었던 것 같아.

특히 KBS 안에서 나는 울지 않는 여자였어. 늘 들이받고 싸우며 온갖 강한 척을 다 하고 다니는 내가 어떻게 울 수 있겠어. 우는 걸 들키는 순간 그동안 내가 쌓아둔 이미지는 와르르 무너질 거고, 사람들이 나를 우습게 혹은 불쌍하게 여길까 봐 너무나 두려웠어.

특히 내가 속한 사회가 남자들 위주의 세계이기에 더욱 그랬던 것 같아. 지금은 예능국에 여자 PD들이 많지만, 내가 한창 일할 때만 해도 예능국에 여자 조연출은 나밖에 없었으니까. 만약 내가 운다면 사람들은 내가 여자라서 잘 운다고 생각할 것이고, 여자는 저래서 어쩔 수 없다고 생각할 것 같았어. 그래서 나는 내 안의 모든 여성스러움을 싹 지워버렸어. 머리는 숏컷을 하고, 항상 헐렁한 후드 티에 주머니가 많은 카고 바지를 입고 다녔어. 화나면 욕도 시원하게 해버리고, 아래 위 가리지 않고 들이받고. 원래도 여성스럽지 않았지만, 사회생활을 시작하면서 그나마 남아 있던 여성성까지 다 버린 셈이야.

나는 여자 후배들에게도 울지 말라는 말을 자주 했어. 아무리 속상해도, 아무리 상처를 받아도 울지는 마라. 이 세계에 눈물은 어울리지 않는다. 남자들을 봐라. 그들은 전혀 울지 않는다. 우리도 남자들처럼 울지 않으며 버텨야 한다…….

어느 날 집에서 〈동물의 세계〉를 보는데, 복어 이야기가 나오고 있었어. 사람들은 복어가 강한 독을 지닌 무서운 물고기로 알고 있지만, 오히려 공격도 잘 못하고 방어에도 취약한 동물이라고 하더라. 몸놀림이 느려서 쫓아오는 포식자를 따돌리지도 못하고, 해조류 사이에 조마조마하며 숨어 있다가, 들키면 기껏 할 수 있는 게 물을 빨아들여 몸을 잔뜩 부풀리는 것뿐이지. 잡아먹힐 때 죽으면서 뿜어내는 독이 유일한 자기방어 수단이라는 거야. 텔레비전 화면에 복어가 몸을 잔뜩 부풀린 장면이 커다랗게 나오는데, 나랑 똑같다는 생각이 들었어. 쟤도 얼마나 약하면 자신을 저토록 위장하며 살까, 사는 게 얼마나 힘이 들까.

KBS에서의 마지막 날, 장장 다섯 시간을 사람들 앞에서 엉엉 울면서, 나는 복어처럼 나를 위장하며 살았던 바보 같은 나의 20년을 다 흘려보냈어. 다 부질없구나. 감정을 그대로 표현하며 살았어도 아무 문제가 없었겠구나. 아무도 나를 나약하다고 생각하지 않았어. 그저 많이 아쉬워하는구나, 그동안 너무 많이 힘들었구나, 앞으로는 너무 싸우지 말고 즐겁게 일해라. 그런 따뜻한 말들을 해줄 뿐이었어.

늦었지만 지금이라도 여자 후배들한테 이렇게 말해주고 싶어. 슬플 때, 힘들 때, 속상할 때는 애써 숨기지 말고 그냥 울라고. 여자들이 좀 운다고 밑질 것 없어. 남자들은 좀 당황할 뿐 여자가 울었다고 무시하거나 불쌍하게 여기지 않아. 그러니 감정을 꽁꽁 싸매지 말고 흘려보내며 살아야 해. 실컷 울고 후련해지는 거야. 그리고 다시 아무 일도 없었다는 듯이 치열하게 일하는 거야.

📷

조선희 〈로봇, 소리〉라는 영화의 포스터를 촬영할 때였어. 배우 이성민이 실종된 딸을 10년간 찾아 헤맨 아버지로 나오는데, 그의 연기에 빨려 들어가서 촬영 중에 나도 모르게 눈물을 쏟고 말았어. 너무 눈물이 나와서 촬영도 중단하고 바닥에 주저앉아서 펑펑 울어버렸지. 오히려 이성민 씨가 당황했어. "작가님, 괜찮으세요?" 하고 묻더라.

잘 알겠지만, 나는 잘 우는 사람이야. 사실 툭하면 눈물을 흘리는 울보에 가깝지. 지금도 돌아가신 아버지 얘기를 하면 1분도 안 돼서 눈물이 줄줄 나. 할머니, 할아버지를 생각해도 눈물이 핑 돌아. 부모님과 떨어져 살았던 나의 어린 시절, 여러 집을 전전했던 나의 학창 시절을 떠올려도 눈물이 흘러. 하다못해 오래전 친했다가 연락이 끊긴 선배 언니나 친구, 가슴 끓였던 첫사랑 생각을 해도 금세 눈이 새빨개져. 나에겐 울지 않고 내 얘기를 한다는 게 너무 힘든 일인 것 같아.

친한 사람들은 내가 울보라는 걸 다 알아. 벌써 그들 앞에서 여러 번 울었기 때문에 이제 내가 울어도 별로 당황하지도 않아. 그저 말 없이 눈물이 그치기를 기다려주지.

하지만 촬영장에서는 달라. 나는 찔러도 피 한 방울 나지 않을 것 같은 무서운 사진작가니까. 마음에 들지 않으면 버럭 소리를 지르고 상처가 될 말을 아무렇게나 뱉는 사람이 어떻게 울보일 수 있겠어. 그러니 내가 우는 순간 다들 충격을 받아. 아니, 저런 여자가 울다니!

나는 남들 앞에서 절대로 울지 말자, 그런 생각을 한 적이 없어. 우는 꼴을 보여주고 싶은 건 아니야. 그렇다고 내가 울지 말자 결심한다고 해서 눈물이 나오는 걸 감출 수 있는 건 아니잖아. 눈물이 흐르기 시작하면 이미 돌이킬 수 없는 거야. 그냥 나는 지금 슬프니까 잠시 울어야겠다고, 한바탕 울고 나서 다시 시작해야겠다고 할 수밖에.

그런데 내가 우는 걸 사람들이 좋아한다는 것을 알게 됐어. 절대 울지 않을 것 같은 사람이 눈물 콧물 짜면서 우니까 그제야 사람같이 보이나 봐. 우는 모습을 보여주고 나면 내게 별로 호감이 없었던 사람조차도 가까이 와서 "괜찮으세요?" 하며 위로를 해줘. 나중에 지들끼리 한마디씩 하지. 조선희 작가가 냉혈동물인 줄 알았는데, 울 줄도 알고 인간미가 넘친다고.

물론 짜증을 부리다가 분에 못 이겨 운다든지, 상사에게 조금 혼났다고 펑펑 운다든지 하면 문제긴 문제일 거야. 하지만 나는 이럴 때조차도 참는 것보다는 그냥 우는 것이 낫다고 생각해. 몇 번 울다 보면 그것이 사회생활에 도움이 되는지 해가 되는지 스스로 알게 되겠지. 그리고 점점 자신을 강하게 다져가면서 눈물을 줄여갈 수 있을 거라고 생각해.

단 절대로 흘려서는 안 되는 눈물이 있어. 상황을 무마하기 위해 억지로 흘리는 눈물, 남의 감정을 이용하기 위한 눈물. 눈물은 저절로 솟아날 때에 아름다운 거야. 억지로 만들어낸 눈물로 몇 번은 속일 수 있겠지만, 결코 그 효과가 오래가지 않아. 감정은 필요할 때마다 마음에 드는 것으로 골라서 사용하는 게 아니야. 저절로 생겨난 진심이 통하는 거지.

여자가 불리하다는 생각을 버려라

조선희 막 사진작가로 발돋움할 무렵, 어느 광고기획사로부터 연락을 받았어. 잡지에서 내 사진을 보고 마음에 들었다며 광고 사진을 의뢰하고 싶대. 좋은 분위기에서 미팅까지 마쳤는데, 며칠 후에 다음 기회에 하자는 이야기를 들었어. 왜? 내 사진이 좋아서 먼저 연락한 거 아니었나? 왜 그러느냐고 물었더니 이렇게 대답하더라.

"생각보다 작가님 나이가 너무 어리네요. 경험이 좀 더 쌓인 후에 저희랑 같이해요."

누구는 그랬어. 나이가 아니라 내가 여자인 게 더 큰 이유일지도 모른다고. 당시에는 여자 사진작가도 거의 없었고, 게다가 나이까지 어리니 이중으로 불안했을 거라고. 듣고 보니 그럴 것도 같았어. 광고 사진이면 꽤 큰 프로젝트인데 내가 광고기획사라도 불안했을 것 같아. 이왕이면 좀 더 경험 많은 사람이 안정되게 프로젝트를 끌어 나가길 바랐겠지.

뭐 딱히 마음에 담아 두지는 않았어. 내가 여자라서 차별을 받았다? 그런 식으로는 생각하지 않았어. 당시에 오히려 내가 하나뿐인 여자 작가여서 신선하게 받아들이는 사람도 많았거든. 늘 남자 작가만 접해온 에디터들이 "이번 달에는 여자 작가에게 화보를 맡겨볼까?"라고 말할 때 그 일을 맡을 수 있는 사람이 바로 나였으니까. 여자는 나밖에 없었으니까.

그러니 나는 여자라서 손해를 보기보다는 득을 더 많이 본 것 같아. 당시에 나를 한 번 본 사람은 에디터든 스타일리스트든, 심지어 배우까지도 나를 잊지 못했어. 당연히 남자 사진작가가 올 줄 알았는데 선머슴 같은 여자가 와서 사진을 찍으니까 인상 깊게 본 거야. 또 잡지사나 패션계에는 대개 여자가 많아서 금방 언니 동생, 친구가 될 수 있었어. 나는 남자들하고도 오빠 동생 하며 잘 어울렸기 때문에 어디서도 손해 본 기억은 없어.

만약 내가 10년만 더 일찍 태어났다면, 그때는 여자라서 손해를 많이 봤을 수도 있어. 그때만 해도 여성의 대학 진학률은 낮았고, 일하는 여자, 특히 사진작가 같은 전문직은 상상도 못했을 테니까. 다행히 내가 태어나고 자란 시기는, 비록 어릴 때에는 할머니 할아버지로부터 계집애가 뭐 하러 대학에 가느냐는 소리도 듣고 남녀 차별도 당했지만, 적어도 사회 전반적으로 여성의 사회 진출에 대한 공감대가 형성된 때였지. 처음 등장한 여자 사진작가에 대한 낯선 시선을 받아야 했지만, 그것이 차별은 아니었을 거야.

지금도 나는 그래. 여자들이 차별을 당한다? 남자 때문에 밀진다? 과연 정말일까? 승진에서 남자 동기한테 밀린 것이 꼭 내가 여자여서일까? 모든 문제가 여자이기 때문이라고 결론을 내리면 회사는 차별하는 것이고 나는 차별의 피해자가 되는 것이니, 나는 억울하다고 말하기 좋겠지. 하지만 그 전에 내 역량을 곰곰이 따져봐야 하는 거 아닐까? 나의 시선이 아니라 윗사람의 시선으로 본다면, 과연 내가 동기보다 더 뛰어난 사람일까? 다른 사람의 입장에서 생각해보면 왜 그런 판단을 내렸는지 이해가 갈 수도 있어.

> "여자라서 다른 점, 여자라서 할 수 없는 것들을 인정하고,
> 그 위에서 더 잘할 수 있는 것을 어필하는 것이
> 차별받았다며 억울해하는 것보다 나아."

우리 사회에 남녀 차별이 완전히 사라졌다고 말할 수는 없겠지. 하지만 차별이란 말을 함부로 써서는 안 된다고 생각해. 여자들이 손해를 봤다는 생각이 들 때마다 차별 카드를 꺼내든다면 오히려 진짜 차별받은 여자들이 도움을 필요로 할 때 도와주지 못하는 상황이

벌어질 수도 있어.

지금까지 100명에 가까운 어시스턴트가 나를 거쳐 갔는데, 아마 남녀 비율이 7 대 3 정도 될 거야. 그들을 동등하게 대했지만, 그에 대한 반응은 결코 똑같지 않았어. 물론 남녀 상관없이 개인적인 차이도 있겠지만, 대체로 남자들에 비해 여자들이 훨씬 상처를 잘 받고, 나의 말을 개인적으로 받아들이고, 심지어 대드는 경우도 더 많았어. 남자들은 불합리하다고 생각해도 위에서 하라고 하면 군말 없이 수행하는 습성이 있는 반면, 여자들은 잘 따지고 자기합리화를 많이 하는 편이야. 반면에 남자들은 너무 하라는 대로만 하고, 말주변이 없고, 눈치 없이 분위기를 망치기도 하지.

나는 이걸 '차이'로 받아들여. 남자와 여자는 같을 수가 없어. 애초부터 다르게 태어났어. 이 차이를 인정하지 않고 무조건 동등하게 대우해달라는 건 모순이야. 나는 어시스턴트였을 때 '여자라서' 혹은 '힘이 약해서' 누가 깔보기라도 할까 봐 30~40킬로그램이 넘는 카메라 가방과 무지막지하게 무거운 삼각대를 들고 해변의 모래사장을 걷고 또 걸은 적이 있어. 지금 생각해보면 아둔한 짓이야. 내가 '나 스스로'를 차별한 거지. 요즘은 남자 어시스턴트들한테도 말해. 누군가가 도와준다고 하면 도움을 받으라고. 그들이 도움을 요청할 때는 남녀를 떠나 아주 힘든 상황이기 때문이야.

지금 막 사회에 발을 디디려는 여자들에게 나는 이렇게 얘기하고 싫어. 선배들이 말하는 남녀 차별에 대한 여러 가지 말들, 그런 얘기들이랑 깡그리 잊어버리라고. 여자라서 손해 봤다, 여자라서 불리하다, 이런 사고방식을 가지는 순간부터 모든 일을 그런 프레임으로 바라보는 우를 범하기 때문이야. 그보다는 여자라서 나는 다르다, 남자와 다른 방식으로 노력해야 한다고 생각하는 게 맞아. 여자라서 다른 점, 여자라서 할 수 없는 것들을 인정하고, 그 위에서 더 잘할 수 있는 것을 어필하는 것이 차별받았다며 억울해하는 것보다 나아. 그 편이 나에게도, 모든 여자들에게도 훨씬 도움이 될 거야. 차별은 없어. 단지 차이가 있을 뿐이야.

서수민   예능 PD로 KBS에 입사했을 때 상사들 중에 나를 '미스 서'라고 부르는 분들이 간혹 있었어. 처음에는 뭐야, 내가 다방 아가씨야? 거부감이 들었어. 그런데 나중에 보니까 나한테만 "미스 서~"하고 다른 남자 PD들에겐 "야!"라고 부르고 있더라. 나름대로 그분들은 여자인 나를 배려하고 있던 거였어.

미리 말하지만, 직장생활 20년 동안 여자라서 차별받은 적은 없었어. 오히려 나 스스로 여자라는 것에 콤플렉스를 가졌던 것이 문제였지. 아마 예능국에서 11년 만에 뽑은 여자 PD여서 동기 남자들에

비해 더 주목을 받았기 때문일 거야. 나는 그 사실이 좋으면서도 불안했어. 존재감이 있다는 건 좋지만, 관심을 받은 만큼 보여주지 못할까 봐 불안했던 거지. 아무도 그런 의무감을 준 적이 없는데 혼자서 짊어진 짐이었지.

이런 불안감은 나를 이상한 방식으로 몰아갔어. 남자만 가득한 조직에서 나도 남자처럼 행동해야겠다고 생각한 거야. 옷차림은 물론 헤어스타일, 목소리, 사고방식, 행동을 모두 남자처럼 했어. 당시 내겐 일을 잘한다는 말보다 남자 같다는 말이 더 큰 칭찬으로 들렸어.

그런데 내가 결혼을 하고, 아이를 낳고, 내 아래로 여자 PD들이 수두룩하게 들어오면서, 굳이 여성인 것을 숨기지 않아도 얼마든지 일 잘하고 약해 보이지 않을 수 있다는 걸 알게 되었어. 또한 〈비타민〉을 하면서 내가 주부이기 때문에 시청자가 공감할 만한 아이템을 많이 뽑을 수 있다는 사실도 알게 되었지. 〈개그콘서트〉를 연출할 때도 여자들을 위한 코너를 연구해서 '애정남'과 '사마귀 유치원' 등을 만들 수 있었어.

이제 방송국은 더 이상 남자들로만 가득한 곳도, 남성 위주의 사고방식이 지배하는 곳도 아니야. 내가 입사했을 때만 해도 출근할 때 극성 팬인 '사생팬'으로 오해를 받아 경비원한테 끌려가는 일도 있었지만, 지금은 상상도 못할 일이지. 예능국뿐 아니라 교양국과 드라마국에도 여자 PD들이 활발하게 일하고 있어. 어쩌면 남녀 차별의 문제는 단순하게 숫자의 문제인지도 몰라. 여자 PD가 드문 시절에는 당연히 남자들 위주로 돌아가기 때문에 여자가 불편한 점이 있었지만, 지금처럼 여자 PD가 많아진 시대에는 그런 점들이 자연스럽게 사라져버렸어. 더 많은 여자가 사회에 진출해 일할수록 불편함도 차별도 사라지게 될 거야.

내가 입사했을 때 예능국에 여자 선배는 딱 두 명 있었어. 모두 11년 전에 뽑힌 분들이었어. 그런데 두 분은 오랜만에 들어온 여자 후배인 나를 그렇게 살갑게 대해주진 않으셨어. 남자 후배들에게는 밥도 사고 술도 사주시면서 나에겐 관심 없는 듯 행동하셨지.

1년쯤 지나서 서서히 친해졌어. 그제야 알았어. 두 분 모두 내가 여자라는 이유로 여자 선배를 따라다니기를 원하지 않으셨던 거야. 여자들의 연대도 중요하지만, 남녀 가리지 않고 잘 섞이는 게 더 중요하니까. 여자들끼리 뭉쳐서 투쟁하는 것도 필요하지만, 각자 자기 위치에서 일하면서 자연스럽게 자기 영역을 확보하는 것이 진짜 힘이 되는 법이니까.

그러니 여자라고 움츠릴 필요도, 지레 겁먹을 필요도 없어. 세상은 남자 편도 아니고 여자 편도 아니고 그저 '내' 편이야. 내가 노력하는 만큼 원하는 것을 얻고 내 영역을 넓힐 수 있을 거야.

스스로를 내려놓으라

서수민   〈프로듀사〉에 이런 장면이 있어. 김수현의 아버지가 동네 붕어빵 장사에게 자기 아들이 KBS PD라며 자랑을 하고 있어. 대단한 일을 하는 PD라며 거창하게 자랑하고 있는데, 김수현이 쓱 들어오지. 대단한 일, 즉 선배의 심부름으로 붕어빵을 사러 온 거였어.

이 장면을 연출하면서 아버지 생각이 많이 났어. 둘째 딸이 KBS PD라고 자랑하셨지만 코미디를 만든다는 얘기는 어디서도 하지 않으셨지. 나도 참 그 기억을 희화화해서 이렇게 드라마의 한 장면으로 만들었으니, 아버지에게 고맙기도 하고 좀 찔리기도 한다.

〈프로듀사〉에는 이런 장면이 참 많아. 예능국 PD들뿐 아니라 연예인들도 많이 희화화했지. 놀라운 건, 출연한 대부분의 연예인들이 이런 희화화에 흔쾌히 동의해주었다는 사실이야. 불과 10년 전만 해도 드라마에서 코미디언이 아닌 연예인이 자신의 모습 그대로 등장해서 자기 희화화를 한다는 건 있을 수 없는 일이었어. 그랬다간 드라마 캐스팅이며 광고에서 밀려날 수도 있으니까. 그런데 이게 몇 년 사이에 확 바뀐 거야. 오히려 있는 그대로의 모습을 보여주는 걸 즐기게 됐지.

여배우들이 주로 쓰던 신비주의 마케팅의 파워도 이미 오래전에 깨졌어. 꽁꽁 싸매서 신비롭게 보이는 것보다 오히려 활발하게 SNS를 하고 예능에 얼굴을 내밀어 시청자에게 웃음을 주는 여배우에게 더 많은 호감을 갖는 세상이 되었지.

> "자신을 조이며 살면 반드시 어딘가에서 문제가 생겨.
> 내가 어떤 사람인지 솔직하게 드러내는 것을 두려워하지 말았으면 해."

나는 이것이 예능의 영향이 아닐까 생각해. 예능이 보여주려는 핵심이 바로 이거거든. 다 가진 멋진 사람들이 카메라 앞에서 편안하게 망가지는 것. 그들에게도 여느 평범한 사람들처럼 찌질한 면이 있음을 가감 없이 드러내는 것. 잘난 척하고 가식을 떨면 이제 어디서도 호감을 얻을 수 없어. 많이 가진 사람일수록 자신을 내려놓아야 해.

나는 이런 모습이 시청자의 삶에도 영향을 미쳤다고 생각해. 지난

10년 동안 시청자들은 〈무한도전〉과 〈1박 2일〉, 〈꽃보다 할배〉, 〈삼시세끼〉 등에서 연예인들이 스스로를 내려놓고 편안해지는 모습을 지켜봤어. 자기관리에 가장 예민한 사람들이 아침에 까치집 같은 머리로 일어나서 세수도 하지 않고 밥을 짓는 모습, 아이들 재롱에 바보가 되고 아내의 바가지에 허둥대는 모습에서 진솔함과 동질감을 느낀 거지. 저 사람들도 우리와 똑같구나, 저게 살아가는 모습이구나. 그런 걸 느끼면서 너무 심각하지 않게 자신을 내려놓고 사는 법을 배웠을 거라고 생각해. 때로는 저렇게 망가져도 괜찮다는 걸 깨달은 거지.

나는 이게 사회적으로도 건강한 현상이라고 생각해. 고정된 이미지에 갇혀 사는 건 여러 가지로 부작용을 낳거든. 예를 들어 권위적인 아버지상에 갇혀 쉽게 눈물을 보이지도 못했던 과거의 우리 아버지들이나, 얌전하고 순종적인 여성상을 강요받았던 1970~1980년대의 여성들처럼 말이야. 이렇게 자신을 조이며 살면 반드시 어딘가에서 문제가 생겨.

코미디와 예능을 통해서 사람들이 좀 더 자기 자신에게 느슨해지고 편안해질 수 있다면 그 또한 나의 보람이야. 남의 시선에 갇혀 그 잣대로 자신을 다그치며 산다면 매일이 얼마나 조마조마하고 불안할까. 사실 내가 그렇게 20년을 살아왔기 때문에 그게 얼마나 힘든지 너무나 잘 알아.

이제는 이미지 메이킹의 시대가 아니라 이미지 파괴의 시대, '셀프 디스'의 시대야. 사람들에게 내가 어떤 사람인지 솔직하게 드러내는 것을 두려워하지 말았으면 해. 나의 욕망, 속물근성, 불안, 나약함, 찌질함까지도 가감 없이 보여줄 때 사람들은 더 쉽게 나에게 다가올 거야. 가장 중요한 건 그런 스스로의 모습을 보고 웃는 거야. 하하, 너도 그냥 평범한 사람이구나 하면서!

엄마가 되고 나서
알게 된 것

📷

조선희 내 인생에서 가장 잘한 게 뭐냐고 묻는다면, 글쎄 뭘까? 결혼? 뭐, 후회하지는 않지만 꼭 해야 했었나 싶은 생각은 들어. 사실 요새는 싱글맘도 괜찮다고 느끼거든. 그저 남들 다 하는 결혼, 나도 한 번은 할 수 있어서 다행이라고 생각해. 그리고 이왕 하는 김에 무지막지하게 사랑했던 사람과 할 수 있어서 다행이라고 생각하지. 하지만 아이를 낳은 것, 그것만큼은 정말 잘한 일이라고 생각해.

내가 엄마가 되지 않았다면 지금의 나는 어떤 모습일까? 아마도 지금보다 훨씬 괴팍하고 이기적으로 살고 있지 않았을까?

나는 아주 이기적인 사람이었어. 남에게 맞춰주거나 희생하기보다는 나 위주로 사는 것에 익숙한 사람이었지. 그러다가 아이를 낳고 모든 것이 달라졌어.

276

아이를 낳고 건강을 회복할 때까지 10개월이 걸렸어. 다시 스튜디오 문을 열었는데, 아무리 기다려도 의뢰가 들어오지 않는 거야. 오늘도, 그다음 날도, 그다음 날도. 전화통 옆에서 목을 빼고 앉아 있는데, 정말 단 한 번도 전화벨이 울리지 않았어. 아이를 낳고 돌보는 10개월 동안 사진작가 조선희라는 존재가 세상에서 깡그리 잊힌 거지.

불안했어. 이러다 사진을 다시 못하게 되면 어쩌지? 그런 불안감에도 아이를 낳은 것이 후회되지는 않았어. 세상에 이렇게 귀한 존재가 있을 수 있을까! 매일매일이 감탄의 연속이었어. 내가 아니면 세상에 나오지 못했을 존재, 내가 꼭 돌봐줘야 하는 존재가 매일같이 나를 찾는 거야. 매일 새벽 5시면 아이가 깨어나 바로 내게로 기어와 안겼어. 내게 눈을 맞추며 방긋 웃는가 하면, 고사리 같은 손으로 내 손가락을 꼭 쥐고 옆에 있어달라고 했어. 그때 생각했어. 이 아이와 함께라면 지금까지와는 달리 덜 이기적으로 살 수 있을 것 같다고.

3개월 동안 촬영 의뢰가 단 한 건도 오지 않았지만, 그것조차도 아이가 가져다준 선물같이 느껴졌어. 내가 대단한 존재인 줄 알았는데 그게 아니라는 걸 깨닫게 해준 거지. 마치 "조선희, 넌 지금까지 너무 자만했어, 겸손하게 살아" 하며 나를 지긋이 눌러주는 기분이었어. 지금 생각해봐도 그때의 그 시간이 아니었다면 나는 더 오만하고 안하무인이 되었을 거야.

그때 처음으로 그런 생각이 들었어. 사진을 한다면서 난 왜 지금까지 단 한 번도 남을 위해 사진을 찍어본 적이 없을까. 도움이 필요한 사람이 많을 텐데 왜 나는 단 한 번도 나의 재능을 나눈 적이 없을까. 이제부터라도 사회를 위해 어떤 도움을 줄 수 있을지 찬찬히 둘러보며 살아야겠다.

> "내가 엄마가 되지 않았다면
> 결코 이런 일을 할 생각을 못했을 거야.
> 아이로 인해 세상을 바라보는 눈이 하나 더 생긴 거지."

그래서 내가 도움 줄 수 있는 일을 찾아다니기 시작했어. 굿네이버스, 나눔의 집 등과 같은 NGO 단체들과 오지를 다니며 다큐멘터리 사진도 찍고 홍보 사진도 찍었어.

어느 해에는 재능 기부의 형태로 류머티즘을 앓고 있는 여성들의 사진전을 열게 되었어. 나는 환자들의 고통보다는 삶에 대한 강렬한 의지와 희망을 담고 싶었어. 그래서 유명 인사들을 섭외해서 환자들과 같이 사진을 찍는 기획을 했어. 그중 배우 문소리 씨와 구족화가 김성애 씨가 같이 찍은 사진이 가장 기억에 남아. 휠체어에 앉아 있는 김성애 씨를 문소리 씨가 따뜻하게 포옹하는 사진이야. 그 사진을 찍으면서 그 어떤 사진을 찍을 때보다도 더 큰 행복을 느꼈어.

또 기회가 닿아서 위안부 할머니들의 영정사진을 찍었고, 싱글맘들의 사진도 찍게 되었지. 내가 엄마가 되지 않았다면 결코 이런 일을 할 생각을 못했을 거야. 아이로 인해 세상을 바라보는 눈이 하나 더 생긴 거지. 확실히 아이를 낳고 나의 시야가 더 넓어졌다는 것을 느껴.

사실 나는 아직도 이기적이야. 지금도 여전히 아이보다는 일이 우선이야. 나의 스케줄이 끝나야만, 그것도 주말에만 아이랑 놀아주지. 가끔은 아이에 대한 생각은 모두 접어두고 혼자 여행까지 떠나. 하지만 언젠가 아이가 좀 더 자라면 이 말을 꼭 해주고 싶어. 엄마는 네가 있어서 그나마 덜 이기적으로 살았다고. 내게 희생과 봉사와 나눔의 가치를 조금이나마 알게 해줘서 고맙다고. 나중에 아이가 청년이 되었을 때 엄마가 세상에서 제일 멋진 여자라는 말을 해준다면, 그것만큼 기쁜 일은 없을 것 같아.

서수민　나도 마찬가지야. 내가 아이를 키운 게 아니라 아이들이 오히려 날 키웠다고 생각해. 나는 살면서 누군가를 열심히 좋아해본 적이 없어. 친구에 대해서도 그냥 그랬고, 중·고등학교 때 그 흔한 선생님 짝사랑도 해본 적이 없어. 표현력도 부족했고 받는 것에만 익숙했지.

당연히 아이에 대해서도 심드렁했어. 아이를 꼭 낳아야 하나? 결혼하고 5년이 지나도록 임신할 생각을 전혀 하지 않았어. 우리 부부의 생활방식을 보더라도 아이를 낳는다는 건 말이 되지 않았어. 남편은 드라마를 만드느라 집에 들어오는 날보다 안 들어오는 날이 많았고, 나 역시 밤늦게 들어와서 겨우 세수하고 잠자는 것 외에는 집에 없다시피 했으니까. 이렇게 불량한 생활을 하는 사람들이 어떻게 아이를 낳고 부모가 될 수 있겠어. 너무 무책임한 일이라고 생각했지.

그런 내게 아이가 생겼어. 그건 하늘의 선물과도 같았어. 어떻게 이렇게 예쁠 수가 있는지. 가슴속에서 사랑이 마구 샘솟았어. 나에겐 없는 줄 알았던 사랑이 어디에 그렇게 가득 차 있었을까? 이 아이에게 모든 사랑을 쏟기 위해 그토록 사랑을 아꼈었나?

그때부터 내 인생의 모든 안테나가 아이에게 쏠렸어. 두 아이를 키우면서 남편은 또 너무 바빠서 분유 한 번 타준 적이 없고 청소기 한 번 시원하게 돌려준 적이 없지만, 그래서 일과 육아를 병행하느라 피눈물이 나도록 힘들었지만, 그래도 나 역시 살면서 가장 잘한 일을 꼽으라면 두 딸을 낳은 거야. 다른 누구도 아닌 이 아이들의 엄마가 된 것이 무척이나 자랑스러워.

아이들을 키우면서 내 안에도 다른 엄마들과 똑같이 모성애와 인내심, 희생정신이 있다는 사실에 놀랄 때가 많아. 나에게 엄마 노릇은 자아의 재발견이기도 해. 감정 조절에 참 미숙한 내가 아이들 앞에서는 기분이 나빠도 웃고 화가 나도 참는 기적을 일으키지. 평소에는 별로 관심 없었던 교육문제, 사회문제, 환경문제도 엄마가 되고 나서 다시 보게 됐어.

맞아. 이기적이고 자기중심적이었던 내가 나 자신까지도 포기할 수 있는 단 하나의 이유. 바로 아이들이야. 가끔 후배들이 아이들 키우는 게 힘들지 않냐, 괜히 낳았다고 후회한 적 없냐고 질문할 때가 있어. 힘들지만 후회하지는 않는다고 대답해. 아니, 오히려 더 빨리 낳을 걸, 둘이 아니라 셋쯤 낳을 걸 후회가 된다고 얘기해.

출산과 육아에 두려움이 있는 미래의 워킹맘들에게 나는 이왕이면 아이를 빨리 낳으라고 조언하고 싶어. 오히려 자아가 강해지고 시야가 넓어져서 업무에서 더 큰 능력을 발휘할 수 있어. 엄마가 되면 의지가 두세 배 더 강해지고 육체적 힘도 더 세져. 나는 바로 여기에서 우리 여자들이 가진 진정한 힘이 나온다고 생각해.

자기만의 방을 꿈꾸라

서수민　오래전부터 꿈꿔온 것이 하나 있어. 나만의 작업실을 갖는 것. 그 안에 들여놓고 싶은 것들이 많았어. 책상 하나와 책꽂이 하나, 손님이 오면 마주 앉을 수 있는 테이블 하나, 운동기구도 하나. 이런 것들이 들어갈 수 있을 만한 크기의 작업실. 창문이 있어서 바람도 들어오고 사람 구경도 할 수 있다면 더욱 좋겠지. 거기서 뭐할 거냐고? 뭐하긴, 기획도 하고 글도 쓰고 사람들과 통화도 하고, 때로는 숨어서 멍 때리며 아무것도 안 하는 거지!

사실은 거기서 그림을 그리고 싶어. 대학을 졸업한 이후로 한 번도 내 그림을 그려본 적이 없거든. 중학교 시절부터 언젠가는 나만의 아틀리에를 만들어서 날마다 그림을 그리며 살겠다는 꿈을 꾸곤 했어. 20년 동안 그림을 그릴 일이 단 한 번도 없었고 지금 내가 하는 일에 도움이 되는 것도 아니지만, 언젠가는 꼭 그림을 그리겠다는 생각을 접어본 적이 없어. 물론 게을러서 실천하게 될지는 잘 모르겠지만.

너도 알겠지만, 성인이 되고 가족을 꾸리면 혼자 있는 시간이 거의 없게 돼. 그래서 몇 년 전 해외출장을 가서는 혼자 호텔 방을 쓰는 게 너무 좋아서 일정 외에는 관광이니 쇼핑이니 아무 데도 안 가고 내내 방 안에만 있었어. 가만히 침대에 누워만 있는데, 아무도 나를 찾지 않는 고요함이라니…… 남들에겐 당연한 걸 텐데 나한텐 호강이었지. 진짜 천국 같더라.

KBS로부터 프로덕션 제안을 받았을 때 다른 어떤 것보다도 나만의 방을 준다는 말에 흔들렸어. 지난 20년 동안 내가 가졌던 공간은 언제나 파티션이 쳐 있는 작은 책상 하나였거든. 늘 긴밀하게 의견을 나눠야 하는 방송 일의 특성상 팀끼리 오밀조밀 모여 앉아 있는 것이 효율적이긴 했지. 하지만 가끔 스위치를 꺼버리고 혼자 있고 싶을 때는 참 괴로웠어. 손님이 찾아와도 조용히 차 한 잔 대접할 공간도 없었어.

그리하여 마침내 처음으로 갖게 된 나의 방. 나의 방은 하얀 벽에 하얀 책상이 있고, 새 컴퓨터가 놓여 있고, 내가 좋아하는 프리다 칼로의 초상화 엽서와 유호진 PD가 여행길에 사다준 스테인드글라스가 있어. 전기포트와 찻잔을 비치해서 손님이 오면 차를 대접할 수도 있지. 썩 아름답진 않지만 푸른 하늘과 아파트가 보이는 전망도 있어. 비록 꿈꾸던 대로 운동기구를 놓거나 그림을 그릴 수는 없지만, 나만의 공간이 생겼다는 것이 얼마나 설레는 일인지 몰라. 아직 텅 비어 있는 책장은 일을 하면서 차곡차곡 채워야겠지.

> "조심스레 온전히 나만을 위한 방을 추가해보려 해.
> 자기만의 방에서 지금까지는 몰랐던 새로운 나를
> 발견할 수 있게 되지 않을까?"

　버지니아 울프는 《자기만의 방》에서 "여성이 글을 쓰기 위해서는 돈과 자기만의 방이 있어야 한다"고 말했어. 대학 시절에 이 책을 읽었을 때는 이 말이 그저 여성도 사회에 진출해서 돈을 벌고 독립적으로 살아야 한다는 뜻으로 생각했어. 하지만 사회생활을 하면서 다시 읽어보니 그보다 훨씬 더 깊은 시대적 맥락이 있다는 걸 알게 되었지.

　19세기 초까지만 해도 여자들에게는 자기만의 방이 허락되지 않았어. 울프 이전의 얼마 안 되는 여류 소설가들, 즉 제인 오스틴, 에밀리 브론테 등은 집필실이 없어서 공동 거실에서 힘겹게 글을 썼대. 가난에 시달리던 울프도 숙모의 유산을 물려받으면서 드디어 생활비 걱정 없이 안정된 환경에서 집필에 몰두할 수 있었다더군. 울프는 말했어. 만약 여성들이 역사에서 보잘것없는 역할만 수행했다면 그것은 돈과 자기만의 방, 이 두 가지를 가지지 못했기 때문이라고. 남자든 여자든 사색하고 글을 쓰려면 누구나 정적이 허락된 자기만의 공간이 필요하다고.

내가 생각하는 '자기만의 방'은 공간에 대한 이야기만은 아니야. '마음속의 방'도 반드시 만들어야 해. 지금까지 나는 성장을 위해 내 마음 안에 공부방을 만들어 공부와 시험을 준비했고, 연애의 방을 만들어 사랑과 애타는 감정으로 그 방을 채웠었지. 그리고 아이들을 위해 생명의 공간을 만들어 키웠어. 이젠 회사생활 20년을 졸업하고, 내가 잘할 수 있는 일을 하면서 그렇게 한 발 한 발 여기까지 왔어. 물론 이미 만들어진 방들만으로도 내 인생은 충분히 버거워. 하지만 조심스레 온전히 나만을 위한 방을 추가해보려 해. 내 인생 한 중간에 욕심내어 마련한 나만의 방을.

이곳에서 나는 새로운 예능과 드라마에 대해 연구도 하고, 후배와 지인들을 불러서 회의도 하고, 밤을 꼴딱 새워가며 글도 쓸 거야. 자기만의 방에서 지금까지는 몰랐던 새로운 나를 발견할 수 있게 되지 않을까?

더 많이 외로워하라

조선희 예전에 내가 세상에서 가장 싫어했던 건 혼자 있는 거였어. 혼자 밥 먹는 것, 혼자 자는 것, 혼자 술 마시는 것, 혼자 여행하는 것……. 혼자서 뭘 하고 있으면 마치 버림받은 기분이 들고 세상으로부터 뚝 떨어져 외톨이가 된 것 같았어. 그래서 친한 사람들을 많이 만들고 일이라도 많이 해서 주변이 늘 사람들로 채워져 있기를 바랐지.

그런데 어느 순간, 그럼에도 늘 외롭다는 걸 깨달았어. 가족도 있고 친구도 많고 일 때문에 만나야 할 사람들로 넘치는데도 혼자인 것 같더라. 나를 이해해주는 사람이, 나의 짐을 나눠가질 사람이, 잘했든 잘못했든 무조건 내 머리를 어루만져 줄 사람이 없다는 느낌이 드니까 아무리 사람을 만나도 공허했어.

엄마에게 짜증을 부리기도 하고, 아들에게 매달리기도 하고, 남편에게 더 많은 사랑을 달라며 징징거리기도 했지. 하지만 그럴수록 나만 초라해지더라. 결국 외로움은 해소할 수 있는 것이 아니라 그저 견뎌야 하는 것임을 알게 되었어.

그때부터 나는 외로움을 좀 다르게 보기로 했어. 이왕 견뎌야 할 외로움이라면 그 시간을 유용하게 활용해보는 건 어떨까 하고.

어느 해인가, 책을 쓰고 있었어. 마감은 다가오는데 휴대폰은 자꾸 울리고, 일은 밀려들고, 술 먹자는 사람도 너무 많았지. 나는 짐을 쌌어. 모든 것을 차단하고 철저히 혼자 있으면서 글을 쓰기로 했어. 홀로 공항에서 탑승을 기다리는데 후회가 되더라. 내가 미쳤지, 혼자서 어떻게 견디려고 이런 짓을 벌였을까.

먼 섬나라, 인적이 아주 드문 리조트에 도착했을 땐 이미 외로워서 미칠 지경이었어. 그 상태로 혼자 자고, 혼자 먹고, 혼자 산책하고, 혼잣말을 중얼거리며 외로움 속으로 푹 빠져들었지. 그때부터 미뤄두었던 나에 대한 생각들이 물밀 듯이 밀려들었어. 정신없이 보내는 하루하루, 치유되지 못한 채 덮어버린 상처, 깨진 약속, 어긋난 관계들……. 아무리 많은 관계를 맺어도, 아무리 많은 말을 나눠도 채워지지 않는 이 공허함의 정체는 뭘까? 도대체 어디서 오는 것일까? 어쩌면 외로움에 대한 해답을 관계에서 찾으려고 한 게 어리석은 건 아닐까?

그렇게 '외로운 이유'에 파고들었어. 그 결과 나는 혼자 있는 것이 '불편하다'는 결론에 마주했어. 즉 나 자신과 단둘이 있는 게 괴로운 거지. 외면했던 나의 실체를 정면으로 마주해야 하니까. 옆에 누군가가 있으면 이 괴로움은 마약처럼 순식간에 사라져. 그 사람이 뭔가 나에 대해 좋은 말을 해주면 숨통이 탁 트이면서 황홀한 기분에 휩싸이지.

그러나 관계는 영원하지 않아. 누군가는 변하고 누군가는 떠나고 누군가는 죽으니까. 관계에서 구원을 얻는다는 건 밑 빠진 독에 물을 붓는 것이나 마찬가지야. 이해받고 사랑받았다 느끼는 순간은 신기루처럼 사라져버리고 또다시 외로움의 고통이 밀려오니까.

결국 이 외로움을 편하게 받아들이기 위해서는 다른 사람들과의 관계가 아니라 나 자신과의 관계에서 해답을 찾아야 해. 나는 늘 나와 함께 하는, 절대로 나를 떠나지 않을 단 한 사람이니까. 나의 마음을 들여다보고, 나의 상처를 파헤치고, 나의 경험이나 선택에 대해 섣불리 판단하지 않고 바라보는 시간이 필요해. 바로 철저히 고독해지는 시간이 필요한 거지.

> "우리는 주기적으로 철저히 외로워질 시간이 필요해.
> 고독은 고통이지만 치유이기도 하고 에너지이기도 하고
> 창의적인 활동이기도 해."

그곳에서 열흘 넘게 홀로 지내면서 느낄 수 있었어. 처음 며칠은 고통뿐이었는데, 그것이 서서히 수용으로 변하고 점차 무감각해지면서 결국에는 편안해지는 것을. 마침내는 내가 혼자라는 감각조차 사라져버리는 신기한 경험을 했어.

나는 밀린 글을 쭉 써내려 갔어. 태어나서 처음으로 내 안에 쌓인 오래된 짐 같은 감정이 후련하게 쏟아져 나오는 걸 느낄 수 있었어. 이토록 단절된 곳에서 지독하게 고독한 시간을 보내지 않았다면 과연 내가 나에 대해 이토록 솔직하고 편안하게 글을 쓸 수 있었을까?

이것으로 내가 나 자신과 완벽하게 조화를 이루었다고 볼 수는 없어. 돌아와서 일과 가족에 치이며 정신없이 살다 보면 다시 관계에 탐닉하고 있는 나 자신을 발견하지.

젊었을 때의 나는 사랑받고 인정받고 싶었어. 하지만 이제 나는 스스로 단단한 사람이 되고 싶어. 사람들이 나를 좋아해주지 않더라도, 이해해주지 않더라도 흔들림 없이 내 갈 길을 가는 소신 있는 사람이 되고 싶어. 예뻐서 사랑받는 여자가 멋진 게 아니야. 스스로 생각할 줄 알고, 그 생각을 남들 눈치 보지 않고 행동으로 옮기는 여자가 진정 멋진 거지. 그것은 절대 타고나는 것이 아니야. 철저한 고독으로 자신을 단련시키는 시간이 있어야 하지. 그래서 우리는 주기적으로 철저히 외로워질 시간이 필요해. 마치 잡동사니 청소를 하듯이 마음에 쌓인 우울한 감정과 소모적인 생각들을 버릴 시간.

물론 이런 시간을 갖기 위해 꼭 열흘 이상 세상과 단절된 리조트에서 보낼 필요는 없어. 나는 평소에도 새벽에 일어나서 한 시간 정도 산책하며 혼자만의 시간을 가져. 똑딱이 카메라에 파란 하늘, 나뭇가지, 나뭇잎, 버려진 사소한 물건들의 모습을 담으며 그날 하루 필요한 마음의 평화를 얻지. 밤에 모든 직원들이 퇴근한 텅 빈 스튜디오에 앉아서 책도 읽고 글도 쓰고 내가 찍은 사진을 들여다보는 시간도 가져. 고독은 고통이지만 치유이기도 하고 에너지이기도 하고 창의적인 활동이기도 해. 사람들에게 더 많은 고독의 시간이 주어진다면 세상은 지금보다 훨씬 재미있는 일들로 가득할 거야.

나는 지금까지도 너무 외로웠지만 앞으로는 더욱 외로울 거야. 그 힘으로 계속 사진을 찍으며 씩씩하게 살아갈 거야!

나는 나를 응원한다

서수민 2005년 갑작스럽게 아버지가 돌아가셨을 때 장례식장에 삼촌 여덟 분이 모두 오셨어. 그리고 정신이 반쯤 나간 나에게 이런 말씀들을 하셨어.

"힘들겠지만 잘 보내드려라. 그리고 아버지가 남긴 말씀을 잘 생각하며 살아라."

당시에는 슬픔이 너무 커서 무슨 뜻인지 귀에 잘 들어오지 않았어. 그러다 아주 한참이 지난 후에, 두 아이를 낳고 엄마의 역할을 고민할 즈음에 불현듯 생각이 났어. 아버지가 남긴 말씀, 그게 무얼까.

워낙 갑자기 돌아가셔서 임종을 지키지 못했으니 따로 유언을 들은 게 없었어. 대신 가끔 나에게 하셨던 말씀 두 가지가 기억이 났어. 하나는 남편에게 잘하라는 것, 다른 하나는 식탐을 줄이라는 것.

우리 아버지가 자식들에게 잔소리하는 캐릭터가 아닌데 유독 나에게 이런 말씀을 남겼다는 건, 옆에서 지켜보는 아버지의 눈에도 둘째 딸의 삶이 너무 위태로워 보였던 게 아닐까 싶어. 남편에게 허물없다 못해 너무 함부로 대하고, 해가 갈수록 얼마 안 되는 여자로서의 매력까지 잃어가며 피둥피둥 살이 찌고 있었으니까. 저러다 남편의 사랑을 잃고 추하게 늙어가는 것은 아닐지, 그게 몹시 걱정이 되셨나 봐.

좀 멋쩍지만, 나는 이 말씀을 아버지의 유언이라 생각하기로 했어. 유언이라고 하면 무슨 대단히 의미 있는 말, 예컨대 나라를 위해 큰 사람이 되라든지, 사회를 위해 봉사하라든지, 그런 말을 떠올릴 거야. 하지만 그건 누구에게나 할 수 있는 말이잖아. 반면에 남편에게 잘해라, 식탐을 줄여라 하는 말씀은 오직 나를 위한 맞춤 유언이지. 그래서 나는 이쪽이 더 마음에 들고 애틋해.

그래서 가끔 내가 아주 사소한 일로 남편을 궁지로 몰아대거나 어떤 문제에 대해 내 주장을 펼치며 남편과 으르렁거릴 때면, 갑자기 그 장면이 영화의 한 장면처럼 내 눈에 들어오면서, 아버지가 보신다면 얼마나 슬퍼하실까, 얼마나 애달프실까, 그런 생각을 하게 돼. 내가 지금 뭘 하고 있는 거지? 나만 옳다고 핏대를 올리고 있는 이 모습, 나만 잘났다고 소리를 지르고 있는 이 모습……. 나 잘 살고 있는 걸까? 아버지, 나는 괜찮은 걸까요?

내 나이가 오십을 향해 달리고 있지만, 사실 나는 아직도 어떻게 사는 게 잘 사는 건지 모르겠어. 지금까지의 삶을 돌아보아도 자랑스러운 것보다 후회가 더 많아. 게다가 아무리 그러지 말아야지 깨닫고 또 반성해도 비슷한 상황이 주어지면 또다시 들이받고 모진 말들을 뱉어내는 나를 발견하게 돼. 결국 나라는 사람이 원래 이렇다는 걸, 타고난 모습이 그렇다는 걸 인정할 수밖에 없어.

하지만 나, 너무 신경 쓰지 않을래. 이제 와서 어렴풋이 깨달은 것이 있다면, 나 자신을 미워하는 건 아무런 도움이 안 된다는 사실이야. 미워해서 어쩔 건데? 내가 왜 그랬을까, 왜 그런 어리석은 짓을 했을까, 아무리 머리를 쥐어뜯으며 자학해봤자 바뀌는 건 없어. 오히려 지독한 자기혐오에 빠져 위장술만 늘어가지. 아무렇지도 않은 척, 센 척, 강한 척, 쿨한 척. 그러다가 또 과부하에 걸리고 말지.

어쩌면 잘 산다는 건 나 자신을 있는 그대로 받아들이는 데서 시작하는 게 아닐까 싶어. 아, 나는 이런 사람이구나, 이럴 때는 이렇게 반응하는구나, 이런 것에 흥분하고 저런 것에 미치는구나. 마치 전혀 상관없는 남을 바라보듯이, 판단하지 않고 받아들이는 연습이 필요해.

놀랍게도 이런 연습을 반복하다 보면 내가 조금씩 달라지는 것을 보게 돼. 뭐랄까, 어떤 상황이 주어졌을 때 예전처럼 그것에 빠져 허우적거리지 않고, 마치 녹화한 영상을 보듯이 나 자신을 객체화하여 보게 되는 거야. 그러면 너무 화가 나는 순간, 부글부글 끓어오르다가도 갑자기 깨닫게 되지. 아, 저 여자가 또 화가 나고 있구나. 또 그 패턴을 반복하려고 하는구나. 아, 저 여자를 도와주자. 저 무한반복의 궤도에서 벗어나게 해주자. 그렇게 나를 객체화하는 순간, 나 스스로 그 감정에서 빠져나오는 것이 느껴져. 이런 경험을 몇 번 하고 나면 뭔가 해낸 것 같은 굉장히 긍정적인 마인드가 생겨. 나도 이렇게 성숙한 행동을 할 수 있구나, 나도 썩 괜찮은 사람이 될 수 있구나, 그런 짜릿한 해방감과 자신감을 느끼게 돼.

잘 산다는 건 이렇게 하나씩 자신의 굴레를 벗어던지고 스스로에 대한 긍정성을 키워가는 과정이 아닐까? 지금까지 살아온 것에 대해 긍정하고, 또 앞으로 할 일에 대해 긍정하면서, 그렇게 살아가는 것이 아닐까 생각해. 짧다면 짧고 길다면 긴 인생을 살아가면서 우리가 가장 믿고 의지하고 신경 써야 할 대상은 다른 누구도 아닌 나 자신이야. 그러니 나에겐 나 자신이 누구보다도 소중하고 애틋해.

20~30대 때 이 사실을 알았다면 얼마나 좋았을까. 왜 우리는 인생에서 중요한 것을 늘 한 발짝씩 늦게 깨닫게 되는 걸까. 아, 또 이

지독한 자학이 시작되려고 하네. 다시 말할게.

지금, 바로 여기, 나는 깨달았고, 그래서 행복해! 늦었지만 지금부터라도 나는 점점 나를 사랑할 수 있겠지.

이 시대의 거장들로부터 삶의 열정과 지혜를 배우는
인플루엔셜의 기획 시리즈

대가의 지혜

인플루엔셜 '대가의 지혜' ①

나약하고 수줍은 한 소녀가 세기의 발레리나가 되기까지,
국립발레단 단장으로 돌아온 강수진의 특별한 인생수업!

나는 내일을 기다리지 않는다

강수진 지음 | 328쪽 | 14,000원

인플루엔셜 '대가의 지혜' ②

세계 최고의 승부사 조훈현이 말하는
인생에 담대하게 맞서는 고수의 생각 법칙 10

조훈현, 고수의 생각법

조훈현 지음 | 268쪽 | 15,400원

인플루엔셜 '대가의 지혜' ③

평범한 인생을 귀하게 만든
한식 대가 심영순 원장의 8가지 마음 비결!

심영순, 고귀한 인생 한 그릇

심영순 지음 | 336쪽 | 15,000원